〈스터디 가이드〉

주식시장에서 살아남는
심리투자 법칙

STUDY GUIDE FOR
TRADING FOR A LIVING

알렉산더 엘더 지음 | **신가을** 옮김

〈스터디가이드〉

주식시장에서 살아남는
심리투자 법칙
STUDY GUIDE FOR
TRADING FOR A LIVING

알렉산더 엘더 지음 | **신가을** 옮김

 이레미디어

● 프롤로그 ●

　노련한 트레이더들은 시장을 마음대로 활보하다 자유자재로 진입하고 청산하는 듯하다. 마치 TV로 보면 스키를 타고 언덕을 내려가는 게 아주 쉬워 보이는 것처럼. 하지만 막상 직접 스키를 신고 언덕을 내려가 보면 수많은 장애물에 부딪히게 된다. 진정 수준 있는 트레이더가 되려면 공부하고 노력해야 하며 철저한 사전 준비가 필요하다.

　당신이 트레이더로 성장하고 성공하는 데 일조하기 위해 이 스터디 가이드를 쓰게 되었다. 스터디 가이드는 트레이더로서, 그리고 트레이더를 지도해온 사람으로서 그동안 나의 경험이 녹아 있는 스터디 가이드다. 시장, 그리고 시장에 내가 어떻게 반응하는지에 대해 연구를 하면 할수록 성공할 확률은 높아진다.

　여기에 나오는 질문들은 본책『심리투자 법칙』의 각 장의 내용들과 관련되어 있다. 본책을 읽었든 안 읽었든 스터디 가이드를 통해 배울 점이 있을 것이다. 하지만 질문들을 심도 있게 이해하려면『심

4

리투자 법칙』을 읽어보기를 권한다.

트레이딩은 과학이자 예술이다. 객관적인가 하면 주관이 개입되기도 하기 때문이다. 본 가이드는 트레이딩에 관한 질문과 해답으로 구성되어 있지만 일부 해답에는 의문을 제기할 사람도 있을 것이다. 내가 제시하는 의견과 시장에 대한 당신의 생각을 한번 비교해보기 바란다.

이 책의 질문은 심리학, 기술적 지표, 자금관리 등 주제별로 분류되어 있다. 당신이 생각하는 답을 적고 자신의 약점과 강점이 무엇인지 살펴보기 바란다. 훌륭한 트레이더가 되려면 자신에 대해서, 그리고 시장에 대해서 끊임없이 연구해야 한다.

차트에 관한 질문이 나오면 차트를 종이로 가리고 왼쪽에서 오른쪽으로 서서히 종이를 움직이면서 보아야 한다. 차트 오른쪽으로 갈수록 분석하기가 어렵다. 본 스터디 가이드를 통해 시장의 불화실성에 대처하는 방법을 배우기 바란다.

원고를 검토하고 여러 가지 유용한 제안을 해준 직원 두 사람에게 감사를 전한다. 파이낸셜 트레이딩 세미나에서 애널리스트로 활약하다 뉴욕에 있는 선물 자금관리 회사인 BFF 트레이딩 회장이 된 애널리스트 프레드 G. 슈츠먼Fred G. Schutzman에게 감사를 전한다. 프레드는 휴일도 없이 시장을 분석하면서 자금관리 회사를 창립했는데 본 스터디 가이드의 해답과 해설을 검토해주는 데 기꺼이 시간을 할애해주었다.

캐롤 키건 케인Carol Keegan Kayne은 파이낸셜 트레이딩 세미나에서 일하다 아이를 돌보기 위해 퇴사했다. 아주 꼼꼼하게 교열을 보았기 때문에 캐롤의 손을 거치지 않고는 원고가 될 수 없었다!

가르칠 기회를 주고 교수로서 능력을 쌓을 수 있게 도와준 에스토니아 타르투 대학교, 뉴욕 알버트아인슈타인 의과대학, 컬럼비아 대학교 교수와 학생들에게도 감사를 전한다. 그리고 아시아, 북아메리카, 남아메리카, 유럽, 호주, 아프리카에 있는 파이낸셜 트레이딩 세미나 고객들에게도 감사를 전한다.

트레이딩 실력을 갈고 닦아 자신감 넘치는 트레이더가 되는 데 이 책이 큰 도움이 되길 바란다.

뉴욕에서
1992년 11월
알렉산더 엘더 박사

차례

I 질문 편

II 정답과 해설 편

● 들어가며 ●

스터디 가이드의 질문들은 트레이더로 사고할 수 있는 능력을 검증하기 위한 것이다. 각 장은 본책 『심리투자 법칙』의 흐름을 따르고 있으며, 시장에 관한 주요 주제들, 즉 심리, 기술적 지표, 자금관리에 관한 이해의 정도를 검토하도록 구성되어 있다.

각 장은 사전 지식을 점검하는 간단한 기초 질문들로 시작한다. 답을 적을 수 있는 빈칸이 여러 개 있으므로 몇 차례 반복해서 문제를 풀 수 있다. 친구들과 함께 답을 검토해보고 경험을 공유하는 것도 유익할 것이다.

각 장의 1~3번까지 문제에 답을 적은 다음 해답을 확인해보라. 두 문제 이상 맞추었다면 나머지 질문으로 넘어가라. 그런데 정답 개수가 두 개 미만이라면 추천한 자료들을 공부한 뒤에 다음 질문들로 넘어가라. 속독법을 익히기 위한 책이 아니므로 천천히 여유를 갖고 테스트에 임하라.

그와 같은 방식으로 각 부에 있는 문제들을 모두 풀었으면 본 스터디 가이드 뒷부분에 있는 해답을 찾아보라. 본책에서 해당되는 부분을 보면 더 상세한 설명을 얻을 수 있다. 점수별로 등급을 매겨놓았으므로 어느 정도 성적이 향상되었는지 알 수 있을 것이다. 높은 점수를 얻었으면 다음 장으로 넘어가고 점수가 낮으면 추천 도서를 읽은 다음 다시 테스트에 임하라.

왜 맞추었는지, 혹은 왜 틀렸는지 반드시 분석하고 넘어가라! 훌륭한 트레이디는 손실을 보았긴, 이득을 보았긴 자신이 힌 드레이딩을 되짚어 본다. 성공에서도 교훈을 얻어야 하지만 실패를 통해서도 배워야 한다.

STUDY GUIDE FOR TRADING FOR A LIVING

I. 질문 편

기초 문제

대다수 트레이더가 돈을 잃고 빈털터리가 되어 시장에서 퇴출된다. 트레이더로 성공하려면 대다수가 패배할 수밖에 없는 이런 상황에 맞서 싸워야 한다. 그러므로 시장의 군중과 다르게 생각하고 행동하는 법을 배워야 한다.

본 스터디 가이드는 당신에게 틀에 박힌 관념이 아닌 새로운 관점을 제시하고자 한다. 트레이딩을 향한 긴 여정을 떠나기 전 기초 문제를 통해 스스로가 고정관념을 깨뜨릴 수 있을지, 그리고 새로운 사고에 적응할 수 있을지를 검토해보기 바란다.

1~3번까지 기초 문제를 먼저 풀어보라. 그중 두 개 이상 맞추지

못하면 추천 도서나 자료를 먼저 공부하고 다음 문제로 넘어가도록
하라.

문제	1차 시도	2차 시도	3차 시도	4차 시도	5차 시도
1					
2					
3					
4					
5					
6					
7					
8					
정답 수					

문제 1 장기적으로 볼 때 트레이더가 취할 의사결정 방식으로 올바른 것은?

1. 기본적 분석

2. 내부 정보

3. 육감과 직감

4. 기술적 분석

    A. 1, 2

    B. 2, 3

    C. 1, 4

    D. 3, 4

문제 2 성공 트레이딩을 위해 반드시 필요한 요소가 아닌 것은?

A. 트레이딩 심리

B. 분석 기법

C. 내부자와 연줄

D. 자금관리 방식

문제 3 트레이딩에 관한 책을 대할 때 가장 좋은 방법은?

A. 끌리는 기법이 있으면 직접 시장 데이터에 적용해서 실험해본다.

B. 모든 기법을 뭉뚱그려 트레이딩에 적용한다.

C. 의심한다. 좋은 트레이딩 기법이라면 왜 남에게 알려주겠는가?

D. 책에서 밝힌 기법들이 잘 들어맞는지 다른 트레이더에게 물어
본다.

문제 4 트레이딩에서 손실을 보게 되는 주요 원인이 아닌 것은?

A. 체결오차

B. 수수료

C. 감정에 휘둘리는 트레이딩

D. 주가 조작이나 사기

문제 5 트레이더 짐과 존은 지금 반대 포지션을 취하고 있다. 두 사람 모두 수수료를 지불해야 하며 체결오차가 발생했다. 승자인 짐이 920달러를 벌어들이고 패자인 존이 1,080달러 손실을 보았다. 이러한 결과에서 알 수 있는 트레이딩의 속성은?

A. 제로섬 게임

B. 긍정적 기대 게임

C. 랜덤워크

D. 마이너스섬 게임

문제 6 온스당 400달러에 금 1계약(100온스)을 매수했다. 보증금 1,000달러, 양방향 거래 수수료 25달러다. 다음 중 틀린 것은?

A. 수수료는 보증금의 2.5퍼센트다.

B. 손실을 보지 않으려면 최소한 2.5퍼센트의 수익을 올려야 한다.

C. 수수료는 계약가(4만 달러)의 0.0625퍼센트에 해당한다.

D. 4만 달러를 운용한다면 25달러 정도는 신경 쓰지 말아야 한다.

문제 7 온스당 400달러로 금 1계약(100온스)을 매수주문해서 400.20달러에 계약이 체결되었다. 금 가격이 398달러로 하락하자 중개인을 통해 매도주문을 냈고 397.70달러에 계약이 체결되었다. 체결오차는?

A. 30달러

B. 50달러

C. 500달러

D. 1,050달러

문제 8 문제 6, 7번의 트레이딩에서 다른 트레이더가 나에게 금을 공매도한 다음 나에게 환매하는 과정에서 총 200달러의 수익을 얻었다고 하자. 이 트레이더의 체결오차와 수수료는 나와 같다. 승자가 벌어들인 200달러의 총 '수익'에서 트레이딩 업체는 몇 퍼센트를 떼어갔는가?

A. 25퍼센트

B. 50퍼센트

C. 75퍼센트

D. 100퍼센트

PART 01

개인 심리

수익을 얻기 위한 전투의 승패는 트레이더의 심리에 달려 있다. 가장 무시무시한 적은 장내 트레이더도, 자금력이 좋은 기관 투자자도, 탁월한 애널리스트도 아니다. 성공으로 가는 길목에 버티고 있는 최대의 장애물은 바로 나 자신이다. 감정을 다스리고 이성을 활용한다면 수익은 저절로 따라올 것이다.

프로들은 냉정하고 침착하다. 시장의 오르내림에 어떻게 대처해야 할지 알고 있으며, 어떻게 해야 할지 확신이 서지 않으면 시장에서 빠져나와 관망하면서 침착하게 시장을 다시 분석한다. 프로는 스스로를 통제하므로 트레이딩을 통제한다. 시장이 유리하게 움직이면 환희작약하고 시장이 불리하게 움직이면 공포에 사로잡혀 아무 것도 할 수 없다면 깡통 계좌만 남을 게 뻔하다. 두려움이나 탐욕에 사로잡혀 있다면 아무리 좋은 분석 기법이나 트레이딩 시스템도 무용지물이다.

　1~3번부터 먼저 풀어보라. 두 문제 이상 맞추지 못했다면 추천 도서나 문헌을 먼저 검토해보라. 두 문제 이상 맞췄다면 나머지 문제를 풀어보라. 서두르지 말고 판에 박힌 진부한 생각도 하지 말고 찬찬히 생각해보라.

문제	1차 시도	2차 시도	3차 시도	4차 시도	5차 시도
9					
10					
11					
12					
13					
14					
15					
16					
17					
18					
19					
20					
21					

22					
23					
24					
25					
26					
27					
28					
29					
30					
31					
32					
33					
34					
35					
정답 수					

문제 9 트레이더로 성공하려면 위험(리스크)에 어떻게 대처해야 하는가?

A. 위험을 피한다.

B. 위험을 키운다.

C. 위험한 상황을 즐긴다. 심지어 손실을 보더라도.

D. 위험을 감수하기 전에 위험이 어느 정도 되는지 측정한다.

문제 10 훌륭한 트레이더의 목표는?

A. 최고의 트레이더가 되는 것

B. 다른 트레이더들보다 돈을 많이 버는 것

C. 비싼 물건을 사서 다른 트레이더들보다 돋보이는 것

D. 가족과 친구의 존경을 받는 것

문제 11 계좌의 20퍼센트가 손실로 날아갔다. 무엇이 최선일까?

A. 최상의 실적을 보이는 소식지를 구독한다.

B. 수익률이 높고 손실이 적은 트레이딩 시스템을 구매한다.

C. 트레이딩을 멈추고 최악의 트레이딩을 분석하면서 손실의 원인을 판단한다.

D. 확률의 법칙에 의해 곧 유리하게 돌아설 것이므로 트레이딩을 계속 한다.

문제 12 트레이딩 계좌에 돈이 많을수록 좋은 이유들이다. 이유가 될 수 없는 한 가지는?

A. 안전망이 든든해 큰 손실을 입어도 되기 때문에

B. 여러 시장에 분산 투자할 수 있으므로

C. 다수의 계약을 운용할 수 있고 진입과 청산시점을 세밀하게 조정할 수 있으므로

D. 계좌의 자본 대비 제반 비용이 차지하는 비율이 적으므로

문제 13 시중에 판매되는 트레이딩 시스템에 대한 설명 중 가장 정확한 것은?

1. 오랫동안 실적이 좋은 시스템이라면 계속 적중률이 높다.

2. 저명한 트레이더가 판매하는 시스템이라면 신뢰도에 높은 점수를 주어야 한다.

3. 트레이딩 시스템은 과거의 데이터에 맞추어 설계된 것이므로 시장이 변하면 맞지 않는다.

4. 최고의 애널리스트에게 시스템을 구매해도 손실을 볼 수 있다.

    A. 1, 2

    B. 1, 3

    C. 2, 3

    D. 3, 4

문제 14 다음 중 저명한 지도자가 활용해 일정 기간 동안 엄청난 수익을 올릴 수 있는 기법은?

A. 거래량 분석

B. 엘리어트 파동 이론

C. 스피드라인

D. A, B, C 모두

문제 15 성공 트레이딩을 위해 반드시 통달해야 하는 기법은?

A. 사이클 분석

B. 마켓 프로파일

C. 갠 분석

D. A, B, C 모두 정답 아님

문제 16 지도자의 충고대로 트레이딩하면 대개 어떤 결과가 나오는가?

1. 수익

2. 심리적 의존

3. 시장을 완벽히 이해

4. 주도권 상실

    A. 1, 2

    B. 2, 4

C. 3, 4

D. 1, 3

문제 17 다음 중 도박에 관한 사실이 아닌 것은?

A. 도박은 거의 모든 문화에 존재하는 오락이다.

B. 숙련된 프로들은 도박으로 생계를 유지하기도 한다.

C. 도박이 주는 짜릿함에 중독되기 마련이다.

D. 도박을 통해 일확천금을 거머쥘 수 있다.

문제 18 트레이딩을 도박으로 취급하는 핵심적인 징후는?

1. 트레이딩을 하고 싶은 욕구를 억제할 수 없다.

2. 트레이딩이 잘되면 기분이 붕 뜨고 손실을 보면 자괴감에 휩싸인다.

3. 손실이 나는 포지션이 있으면 항상 역으로 포지션을 취한다.

4. 연속해서 손실을 본다.

    A. 1

    B. 1, 2

    C. 1, 2, 3

    D. 1, 2, 3, 4

문제 19 지속적인 손실로 트레이딩 계좌의 잔액이 점점 줄어들고 있다. 한 번 수익을 보고 나면 더 많은 손실을 본다. 다음 중 대책이

될 수 없는 것은?

A. 과거에 검증된 시스템이라면 시스템을 고수한다.

B. 진입과 청산 시마다 차트를 분석하고 남겨두며 진입 및 청산 이유를 기록해둔다.

C. 진입과 청산 시마다 자신의 감정을 일지로 기록해둔다.

D. 새로운 트레이딩 시스템을 개발한다.

문제 20 한 트레이더에게 1년 사이에 다음과 같은 일들이 일어났다. 교통위반 과태료 딱지 3장, 세금 연체로 인한 벌금 통지서 1회, 근무태만으로 인한 경고 2회, 트레이딩 계좌 35퍼센트 손실. 이 트레이더에게 할 수 있는 최선의 충고는?

A. 인생이 원래 그런 것. 직장을 때려치우고 트레이딩으로 큰돈을 벌도록 하라. 그리고 재정을 관리해줄 사람을 고용하라.

B. 과태료 딱지 따위는 트레이딩과 상관없으므로 신경 끄라.

C. 파멸을 자초하고 있다. 먼저 스스로를 추스르는 게 필요하다.

D. 어떡하든 버티라. 직장생활을 유지하면서 트레이딩한다는 게 어디 쉬운가.

문제 21 트레이딩 심리에 관한 설명 중 올바른 것 두 가지는?

1. 감정은 트레이딩 계좌에 바로 영향을 미친다.

2. 돈을 벌려면 다른 트레이더들보다 머리가 좋아야 한다.

3. 수익을 올린 다음에 기분이 고조되면 좋은 트레이딩 습관이 몸에 밴다.

4. 탁월한 트레이딩 시스템보다 두려움과 탐욕이 계좌를 좌우한다.

    A. 1, 2

    B. 2, 3

    C. 3, 4

    D. 1, 4

문제 22 몇 달 동안 승승장구 계속해서 수익을 거두었다. 이제 할 일로 적절한 두 가지를 고른다면?

1. 자축하며 포지션 규모를 늘린다.

2. 손실제한 활용도를 줄인다.

3. 휴가를 간다.

4. 능력이 입증되었으므로 시장 분석하는 시간을 줄인다.

    A. 1, 2

    B. 2, 4

    C. 1, 3

    D. 3, 4

문제 23 알코올 중독자들의 모임(AA) 회원의 목표 중 트레이더가 배워야 할 것은?

A. 음주의 부작용을 막는다.

B. 날마다 술을 마시지 않은 상태에서 잠자리에 들도록 노력한다.

C. 근무일에는 술을 마시지 않는다.

D. 무엇 때문에 술을 마시고 싶은지 알아낸다.

문제 24 계속 고배를 마시는 트레이더는 꼭 주정뱅이처럼 생각하고 말한다. 알코올 중독자는 이렇게 말한다. "몇 분 지각했다고 사장이 날 해고했어. 집세가 조금 밀렸다고 주인이 나가라고 하더군. 당분간 술을 끊고 싹 해결해야겠어." 이 사람의 상태는?

A. 인생을 제대로 관리하고 있다.

B. 문제를 현실적으로 해결하고 있다.

C. 음주의 부작용을 줄이려고 노력하고 있다.

D. 문제를 받아들이지 않고 있다.

문제 25 실패를 거듭하는 트레이더와 알코올 중독자는 공통점이 많다. 알코올 중독자와 사교수단으로 술을 마시는 사람의 차이점이 아닌 것은?

A. 사교수단으로 술을 마시는 사람은 한 잔 마시고 나면 자제할 수 있다.

B. 알코올 중독자는 폐인이 될 때까지 계속 취하도록 술을 마신다.

C. 사교수단으로 술을 마시는 사람은 술을 마셔야 할 때인지, 그만

마셔야 할 때인지를 스스로 결정할 수 있다.

D. 근무일에 술을 마시지 않는 사람은 알코올 중독자가 아니다.

문제 26 연패하는 트레이더와 알코올 중독자는 공통점이 많다. 다음 중 알코올 중독자에게 해당되지 않는 것은?

A. 알코올 중독자가 1년 동안 술을 끊었다면 사교수단으로 조금씩 마셔도 된다.

B. 회복을 향한 첫 걸음은 알코올 앞에 무기력하다는 사실을 인정하는 것이다.

C. 너무 길게 보지 말고 한 번에 하루 동안만 술을 입에 대지 않도록 목표를 정하라.

D. 알코올 중독자가 위기에 부딪히고 최악의 나락으로 떨어지는 시간이 빠를수록 회복도 빠르다.

문제 27 상습적으로 손실을 보는 트레이더와 알코올 중독자의 근본적인 공통점은?

A. 알코올 중독자가 알코올에 중독된 상태이듯 연패하는 트레이더 역시 트레이딩이 주는 짜릿한 흥분에 중독되어 있다.

B. 알코올 중독자가 얼마나 많이 마시는지 감추듯 연패하는 트레이더 역시 손실 규모를 자신과 타인에게 숨긴다.

C. 알코올 중독자가 위스키에서 포도주로 바꾸는 것처럼 연패하는

트레이더 역시 트레이딩을 통해 수렁에서 빠져나오려고 한다.

D. A, B, C 모두 정답

문제 28 다음 중 패자의 심리에 해당되지 않는 것은?

A. 패자는 손실을 볼 때도 트레이딩에서 짜릿함을 느낀다.

B. 깡통 계좌를 다시 복구하는 트레이더는 거의 없다.

C. 패자는 자신의 트레이딩에 문제가 있다는 사실을 알고 있다.

D. 패자는 대체로 '대박'을 노린다.

문제 29 패자에서 벗어나려면 그 첫 걸음으로 어떤 말을 해야 하는가?

A. "더 괜찮은 트레이딩 시스템을 구해야겠어."

B. "강세를 보이는 시장을 찾아야겠어."

C. "새로운 트레이딩 기법을 익혀야겠어."

D. "나는 패자야."

문제 30 "내 이름은 OOO이며 나는 패자다." 트레이더가 이렇게 말하면 어떤 결과로 이어지는가?

1. 트레이딩을 두려워하게 된다.

2. 손실을 보는 포지션을 빨리 정리해 손실을 줄이게 된다.

3. 과도한 매매를 피하게 된다.

4. 수수료와 체결오차를 낮추게 된다.

    A. 1, 2

    B. 2, 3

    C. 3, 4

    D. 1, 4

문제 31 트레이더로 성공하려면 가장 중요한 요소는?

A. 시작부터 자본금 규모가 커야 한다.

B. 성공한 다른 트레이더들로부터 배워야 한다.

C. 감정에 휘둘려 결정하지 말고 이성적으로 판단해야 한다.

D. 사업체나 직장에서 쌓은 역량을 활용해야 한다.

문제 32 트레이더들이 시장에 모이는 이유는?

1. 돈을 벌기 위해

2. 독립하기 위해

3. 도전하기 위해

4. 즐기기 위해

    A. 1

    B. 1, 2

    C. 1, 2, 3

    D. 1, 2, 3, 4

문제 33 1년 동안 트레이딩을 한 뒤에도 시장의 움직임에 대해 도무지 감을 잡을 수가 없다면 그 이유는?

A. 나의 트레이딩 습관이 들쭉날쭉해 예측할 수 없기 때문

B. 기본적 분석에 관한 정보나 기술적 분석이 부족해서

C. 자본금이 너무 소액이라서

D. 시장 자체가 혼란스러워서(랜덤워크)

문제 34 다음 중 트레이더가 장기적으로 성공할 수 있는 방안이 아닌 것은?

A. 자금관리 규칙을 정하고 철저히 지킨다.

B. 검증된 시스템을 활용해 트레이딩한다.

C. 몇 번 연패한 뒤에는 트레이딩을 잠시 멈추고 되돌아본다.

D. 계좌에서 거액의 수익금을 인출한다.

문제 35 트레이딩을 시작할 시점은?

A. 시장이 과매수 혹은 과매도 상태일 때

B. 지표가 진입신호를 발효시킬 때

C. 트레이더가 매수 혹은 매도주문을 내려고 결심할 때

D. 소식지에서 구미가 당기는 투자처를 추천할 때

PART 02

집단 심리

금융시장에서 롱 포지션 혹은 숏 포지션을 취한다는 것은 거대한 트레이더 집단에 합류한다는 것을 의미한다. 트레이더들은 미래의 가격을 예측하고 수익을 얻기 위해 사거나 판다. 이들의 두려움과 탐욕이 비관주의와 낙관주의라는 거대한 파도를 일으키는데, 이러한 심리적 파고는 바다에 휩쓸아치는 파도처럼 시장을 휩쓸며 시장을 끌어올리기도 하고 끌어내리기도 한다. 군중은 거대하고도 강력한 집단이다. 군중과 다투려 하다가는 대가를 치르게 된다.

군중은 강력한 힘을 발휘하긴 하지만 원초적이다. 군중은 단순한 사회심리의 법칙에 따라 행동한다. 이러한 법칙을 알면 추세가 강할 때는 무리와 발맞추어 나가고 추세가 끝날 무렵에는 무리에서 발을 뺄 수 있다. 그런데 아무리 주의 깊게 관찰해도 자신이 언제 군중의 소용돌이에 휩쓸리기 시작했으며 그 한가운데 있게 되었는지 알기란 힘든 일이다. 이래서 애널리스트는 어려운 직업이다. 정치 집회나 콘서트에 참가해본 사람이라면 군중의 위력을 실감할 수 있을 것이다.

2부에서는 금융시장의 군중심리를 이해하고 있는지를 묻고 있다. 시장의 군중이 내 감정과 판단에 어느 정도 영향을 미치는지 검증해볼 수 있을 것이다.

1~3번 문제까지 먼저 풀어보라. 정답을 두 개 이상 맞추지 못하면 추천 도서나 자료를 먼저 공부하고 다음 문제로 넘어가도록 하라. 두 개 이상 정답을 맞췄다면 다음 문제로 넘어가라.

트레이딩할 때 자신이 감성에 휘둘리는지 또는 어떤 이성적, 비이성적 행위를 하는지 돌아보아야 한다. 본인의 답을 트레이딩 습관과 연관시켜서 본다면 더욱 도움이 될 것이다.

문제	1차 시도	2차 시도	3차 시도	4차 시도	5차 시도
36					
37					
38					
39					
40					

41					
42					
43					
44					
45					
46					
47					
48					
49					
50					
51					
52					
53					
54					
55					
정답 수					

가격이란?

A. 수요 곡선과 공급 곡선이 만나는 교점

B. 거래 수단의 가치

C. 주식시장에서의 기업 자산 혹은 상품에 대한 수요를 반영하는 것

D. 거래되는 시점의 모든 시장 참여자의 가치에 대한 합의

문제 37 다음 중 틀린 것은?

A. 황소들은 가격 상승에 돈을 거는 사람들이다. 이들은 최대한 낮은 가격에 매수하려고 한다.

B. 관망 세력이 있다는 사실이 황소와 곰에게는 압박 요소로 작용한다.

C. 곰들은 가격 하락에 돈을 거는 사람들이다. 이들은 되도록이면 높은 가격에 매도하려고 한다.

D. 기술적 분석의 목표는 황소와 곰 중 어느 쪽이 이길 것인지, 그리고 가격이 상승할 것인지, 하락할 것인지를 예측하는 것이다.

문제 38 시장을 어떤 눈으로 바라볼 때 시장에서 일어나는 일을 잘 이해할 수 있는가?

A. 합리적인 개인들이 각자 수익을 극대화하려고 행동하는 공간

B. 두려움과 탐욕에 이리저리 휩쓸려 다니며 서로 상대의 주머니를 털기 위해 악다구니하는 군중들이 모인 공간

C. 끊임없이 데이터가 쏟아져 나오는 공간, 유용한 정보와 혼란이

공존하는 공간

D. 주정뱅이들이 생면부지의 남에게 돈을 주는 광란의 공간

문제 39 매수냐 매도냐 판단이 서지 않을 때는 어떻게 해야 하는가?

A. 시장에서 한 발짝 물러나 관망하거나 포지션을 정리한다.

B. 한창 '뜨고 있는' 지도자에게 조언을 구한다.

C. TV의 경제뉴스나 신문을 통해 다른 사람들이 어떻게 하는지 알아본다.

D. 평소보다 매매 규모를 줄인다.

문제 40 트레이딩의 수익은 모두 어디에서 나오는가?

A. 중개인

B. 경제

C. 트레이더

D. 거래소

문제 41 내부 정보로 매매하면?

1. 미국에서 범죄행위다.

2. 미국 이외의 지역에서는 합법이다.

3. 손실을 볼 수 있다.

4. 선물시장에서는 합법이다.

A. 1

B. 1, 2

C. 1, 2, 3

D. 1, 3, 4

문제 42 기관 투자자가 개인 투자자보다 유리한 점이 아닌 것은?

A. 자금력이 풍부하다.

B. 내부 정보를 보유하고 있다.

C. 매매에 융통성을 발휘할 수 있다.

D. 체계적인 훈련을 받는다.

문제 43 개인 트레이더는

1. 대체로 직업이나 사업에서 성공을 거둔 다음 시장에 발을 들인다.

2. 대체로 트레이딩으로 손실을 본다.

3. 도전이나 짜릿함을 즐기기 위해 트레이딩하기도 한다.

4. 어떤 규제나 제약도 받지 않는다.

A. 1

B. 1, 2

C. 1, 2, 3

D. 1, 2, 3, 4

문제 44 투자자문 소식지는

1. 새로운 발상을 접하도록 도와준다.

2. 즐거움을 주기도 한다.

3. 트레이딩 전문가들이 기고한다.

4. 시장에서 돈을 벌 수 있는 방법을 제공한다.

    A. 1, 2

    B. 2, 3

    C. 3, 4

    D. 1, 4

문제 45 개인이 군중에 합류하게 되면

1. 충동적이고 감정적이 된다.

2. 타인의 위력을 등에 업게 된다.

3. 자신보다 군중과 지도자를 더 신뢰하게 된다.

4. 원하면 언제든지 군중을 떠날 수 있다.

    A. 1, 2

    B. 1, 3

    C. 2, 3

    D. 2, 4

문제 46 사람들이 군중에 합류하는 이유는

1. 불확실성에 대한 두려움 때문에

2. 평생 지속된 습관 때문에

3. 강력한 지도자의 인도를 받기 원하기 때문에

4. 안락함을 추구하기 때문에

    A. 1

    B. 1, 2

    C. 1, 2, 3

    D. 1, 2, 3, 4

문제 47 다음 중 맞는 것은?

1. 군중은 원초적이므로 단순한 매매 전략을 구사해도 문제없다.

2. 시장을 서슬러도 이길 수 있다.

3. 훌륭한 트레이더는 시장이 원하는 대로 움직여주면 의기양양하고 시장이 불리하게 움직이면 의기소침해진다.

4. 시장의 군중은 늘 틀리게 마련이다.

    A. 1

    B. 1, 2

    C. 1, 2, 3

    D. 1, 2, 3, 4

시장 추세를 이끄는 리더는?

A. 강력한 금융업체

B. 저명한 지도자

C. 가격

D. 경제의 펀더멘털 변화

문제 49 시장이 상승하는 시기는?

1. 매도자보다 매수자가 많을 때

2. 매수자가 매도자보다 더 적극적일 때

3. 매도자가 공포에 휩싸일 때

4. 매도되는 주식이나 계약보다 매수되는 주식이나 계약이 더 많을 때

    A. 1, 2

    B. 2, 3

    C. 2, 4

    D. 3, 4

문제 50 추세가 하락하는 시기는?

1. 공매도자들이 포지션을 늘릴 때

2. 롱 포지션 보유자들이 넌더리를 내며 투매할 때

3. 롱 포지션을 취하려는 투자자들이 대폭 할인된 가격에만 매수할 때

4. 공매도자들이 더 낮은 가격에도 기꺼이 공매도할 때

A. 1

B. 1, 2

C. 1, 2, 3

D. 1, 2, 3, 4

문제 51 상승추세 도중 가격 쇼크는?

1. 가격 급등

2. 가격 급락

3. 황소들이 겁을 먹는다.

4. 곰들이 겁을 먹는다.

A. 1, 3

B. 2, 3

C. 2, 4

D. 1, 4

문제 52 가격 쇼크로 상승세의 흐름이 끊기지만 곧 가격이 회복된다. 가격이 신고점을 기록하지만 일부 지표들이 고점을 낮춘다. 이러한 패턴을 무엇이라 하는가?

A. 강세 다이버전스

B. 가격 급락

C. 약세 다이버전스

D. 가격 급등

문제 53 트레이더의 행동과 명칭이 바르게 연결된 것은?

1-A. 농산물 재고량 보고, 산업 가동률, 연방준비위원회 정책을 연구
하는 트레이더

2-B. 컴퓨터를 활용해 반복적으로 나타나는 가격 패턴을 찾는 트레
이더

3-C. 투자자문 프로그램에 나온 지도자의 조언에 귀를 기울이는 트
레이더

4-D. 장인어른으로부터 임박한 기업 인수 정보를 얻는 트레이더

   A. 육감으로 투자하는 트레이더

   B. 기본적 분석가

   C. 기술적 분석가

   D. 내부자

문제 54 기술적 분석은?

1. 과학

2. 예술

3. 트레이더가 보고 싶은 것을 보게 해주는 거울

4. 단순한 기술

   A. 1

B. 1, 2

C. 1, 2, 3

D. 1, 2, 3, 4

문제 55 트레이더/애널리스트의 목표는?

1. 현재의 추세를 식별하는 것

2. 가까운 미래의 가격을 예측하는 것

3. 장기적으로 가격을 예측하는 것

4. 객관적이며 냉철한 태도를 견지하는 것

    A. 1, 2

    B. 1, 4

    C. 2, 3

    D. 3, 4

PART 03

전통적인 차트 분석법

초기 차티스트들은 혁신적인 발상을 이끌어냈다. 이들은 기업의 펀더멘털에 관한 정보 없이 주가와 거래량만으로 합리적인 매매 의사결정을 내릴 수 있다는 것을 발견했다. 지금보다 내부자 거래가 만연했던 시절에는 특히 중요한 발견이었다.

세계적으로 거래 수단은 점점 증가하고 있다. 차트의 보편적 원리를 이해하면 주식, 채권, 외환, 선물, 옵션 등의 시장에도 이 원리를 적용할 수 있다.

고가, 저가, 종가에 관한 정확한 데이터와 시가, 거래량, 미결제약정에 관한 정보만 확보한다면 황소와 곰의 세력 균형이 어떤지 현명하게 판단할 수 있다. 따라서 시장 주도세력이 이끄는 방향으로 매매하고 패자 그룹에 합류하지 않게 된다.

1~3번 문제부터 먼저 풀어보라. 정답 개수가 두 개 미만이라면 추천한 자료를 먼저 읽어보기 바란다. 두 개 이상을 맞췄다면 나머지 문제로 넘어가라. 3부에서는 차트를 활용해 어떤 매매 의사결정을 내려야 하는지 질문할 것이다. 차트 중앙에서는 패턴을 인식하기가 쉽다. 하지만 차트 오른쪽 끝으로 갈수록 매매신호를 찾기 어렵다. 그런데 결정을 내려야 할 곳은 바로 불확실성과 긴장, 잡음이 난무하는 차트 오른쪽 끝이다.

문제	1차 시도	2차 시도	3차 시도	4차 시도	5차 시도
56					
57					
58					
59					
60					
61					
62					
63					
64					
65					
66					
67					

68					
69					
70					
71					
72					
73					
74					
75					
76					
77					
78					
79					
80					
정답 수					

문제 56 가격에 대한 설명(1~4)과 가격(A~D)을 맞게 짝지어라.

1. 아마추어의 의견

2. 프로의 의견

3. 황소 세력의 최대 역량

4. 곰 세력의 최대 역량

   A. 일일 고가

   B. 일일 저가

   C. 종가

   D. 시가

문제 57 애널리스트 세 사람이 동일한 차트를 보고 있다. 한 사람은 상승추세, 한 사람은 하락추세라고 판단하고 있고 한 사람은 추세가 없다고 한다. 다음 중 개연성이 높은 것은?

1. 애널리스트 한두 사람은 희망사항을 말하고 있다.

2. 이들 애널리스트는 추세에 대한 기본적인 견해가 다르다.

3. 이들 애널리스트는 시간단위가 다른 차트를 보고 있다.

4. 애널리스트 1,000명을 소집해도 의견 일치를 볼 수 없을 것이다.

   A. 1

   B. 1, 2

   C. 1, 2, 3

   D. 1, 2, 3, 4

문제 58 시장의 움직임이 거의 없는 날 유동성이 큰 시장에 진입할 때는

A. 체결오차가 크다.

B. 수수료가 크다.

C. 체결오차가 적다.

D. 수수료가 적다.

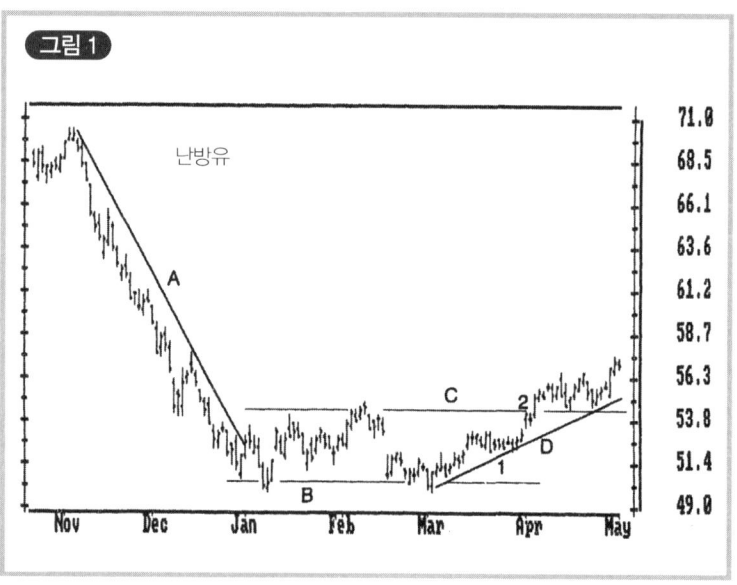

그림 1

문제 59 그림 1에는 지지선이 하나밖에 없다. 지지선은?

A

B

C

D

문제 60 지지선과 저항선은

1. 밀집구간의 가장자리를 관통해서 그려야 한다.

2. 극단적인 고가나 저가를 이어서 그려야 한다.

3. 고점과 저점, 저점과 고점을 이어서 그려야 한다.

4. 고점과 고점, 저점과 저점을 이어서 그려야 한다.

    A. 1, 2

    B. 2, 3

    C. 3, 4

    D. 1, 4

문제 61 지지영역과 저항영역의 힘은

1. 지지영역이나 저항영역을 건드린 주가의 수에 의해 결정된다.

2. 영역의 거래량에 의해 결정된다.

3. 영역의 높이에 의해 결정된다.

4. 영역에서 주가가 머문 시간의 길이에 의해 결정된다.

    A. 1

    B. 1, 2

    C. 1, 2, 3

    D. 1, 2, 3, 4

문제 62 주가가 밀집구간에 몇 주간 머물다가 지지선 아래에서 종가가 형성되었다. 이튿날 거래 수칙으로 알맞은 것은?

1. 주가가 신저점으로 떨어지면 공매도하고 밀집구간 안에 손실제한주문을 설정한다.

2. 주가가 신저점으로 떨어지지 않으면 롱 포지션을 취하고 전일 저점 아래에 손실제한주문을 설정한다.

3. 장이 열리자마자 공매도한다.

4. 장이 열리자마자 매수한다.

    A. 1

    B. 1, 2

    C. 1, 2, 3

    D. 1, 2, 3, 4

문제 63 단기 밀집구간인 그림 1의 1 지점에서 난방유를 매수하고 밀집구간 바로 밑에 손실제한주문을 설정했다. 이후 가격이 상승했다. 2 지점에서 트레이더가 해야 할 올바른 선택이 아닌 것은?

A. 손실제한을 좁힌다.

B. 아무 조치도 취하지 않는다.

C. 포지션을 늘린다.

D. 일부 차익을 실현한다.

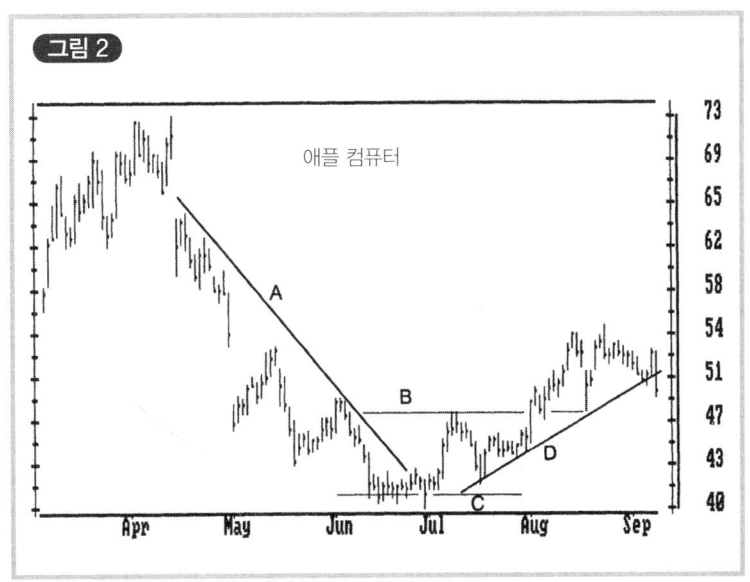

그림 2

애플 컴퓨터

문제 64 다음에 해당하는 알파벳을 그림 2에서 찾아라.

1. 상승추세선

2. 지지선

3. 하락추세선

4. 저항선

문제 65 다음 중 추세에 적용되는 것과 박스권에 적용되는 것을 각각 골라라.

A. 상승 시마다 고점이 높아진다.

B. 하락 시 비슷한 수준에서 하락이 멈춘다.

C. 약세에 매수하고 강세에 매도하라.

D. 강세에 매수하고 약세에 공매도하라.

E. 포지션을 늘려라.

F. 반전신호가 처음 나타나자마자 포지션을 정리하라.

문제 66 그림 2의 마지막 4거래일에 대한 문제다. 설명(1~4)과 거래일(A~D)을 맞게 짝지어라.

1. 넓은 거래범위에서 움직이므로 상승추세가 끝날 것이다. 관망하라.

2. 넓은 거래범위에서 움직이므로 강세를 의미한다. 롱 포지션을 보유하고 손실제한을 올려서 수익을 방어하라.

3. 주가가 상승하는 추세선을 따라 움직이고 있다. 롱 포지션을 보유하라.

4. 주가가 상승하는 추세선에서 지지선으로 하락하고 있다. 이날 거래범위가 좁으므로 곰들이 취약하다. 롱 포지션을 취하라.

   A. 마지막에서 네 번째 거래일

   B. 마지막에서 세 번째 거래일

   C. 마지막에서 두 번째 거래일

   D. 마지막 거래일

문제 67 상승추세에 적합한 전략은?

1. 신고점 돌파 시 매수한다.

2. 지지선으로 되돌림 시 매수한다.

3. 손실제한으로 이전 롱 포지션의 수익을 방어한 경우에만 매수하라.

4. 주가가 전저점을 또다시 이탈하면 매수하라.

    A. 1

    B. 1, 2

    C. 1, 2, 3

    D. 1, 2, 3, 4

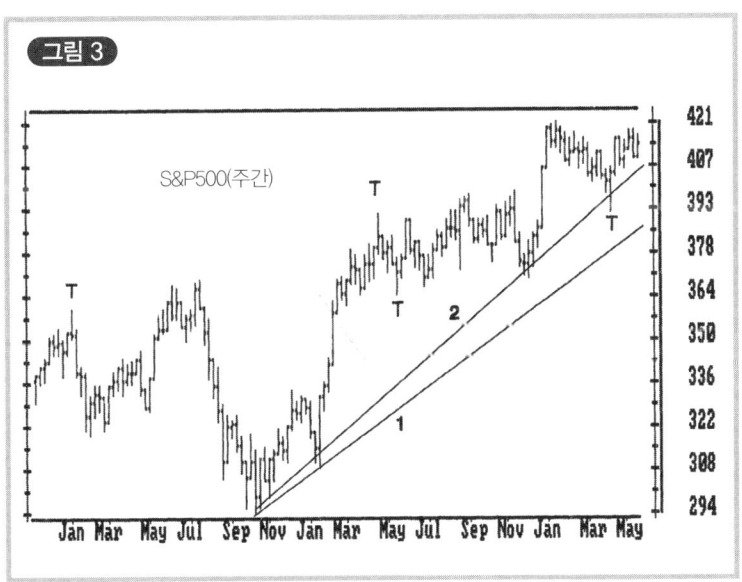

그림 3

S&P500(주간)

문제 68 그림 3에서 적합한 추세선은 무엇이며 이유는?

A. 추세선 1. 상승추세에서 바닥을 연결해서 그렸기 때문에

B. 추세선 2. 밀집구간의 바닥을 이어서 그렸기 때문에

C. 추세선 1. 상승추세를 전혀 건드리지 않으므로

D. 추세선 2. 주가와 접하는 지점이 많으므로

문제 69 그림 3의 꼬리인 'T'와 맞지 않는 설명은?

A. 꼬리가 하락하면 공매도하라.

B. 꼬리란 조밀한 밀집구간을 벗어나 삐져나온 바(bar)를 말한다.

C. 꼬리가 상승하면 매도신호다.

D. 시장은 대개 꼬리에서 되돌림한다.

문제 70 추세선의 특징을 중요한 순서대로 나열하라.

1. 주가와 추세선이 만나는 횟수

2. 주가가 추세선에서 멀어질 때 증가하는 거래량

3. 추세선의 기울기

4. 추세선의 지속 기간

  A. 1, 2, 3, 4

  B. 2, 3, 4, 1

  C. 3, 4, 1, 2

  D. 4, 1, 2, 3

문제 71 추세선 붕괴에 대한 바른 설명은?

A. 주가가 상승추세선을 무너뜨린 이후 다시 아래로부터 추세선으로 되돌림하면 공매도한다.

B. 주가가 상승추세선을 무너뜨리면 곧바로 공매도한다.

C. 종가가 상승추세선 아래에서 형성되면 상승추세는 끝났다.

D. 주가가 상승추세선 위로 수직 상승하면 추세선 아래에 손실제한
   을 유지하라.

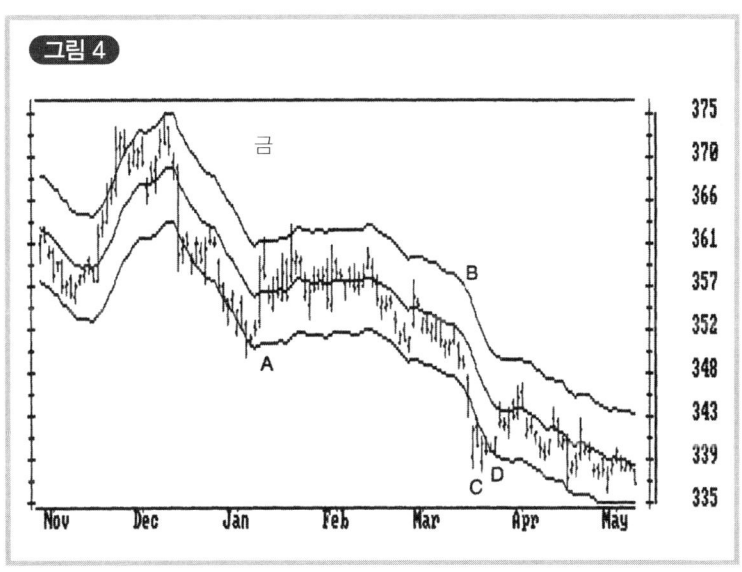

그림 4

문제 72 그림 4의 A~D에 해당하는 갭의 유형을 각각 짝지어라.

1. 일반 갭

2. 돌파 갭

3. 지속 갭

4. 소멸 갭

5. 섬꼴형 반전

문제 73 오버나이트 갭이 발생하는 원인은?

1. 개장 시 매수주문과 매도주문의 불균형

2. 해외 트레이딩

3. 장내 트레이더들이 전일 거래범위에서 매수 혹은 매도하려고 하지 않기 때문에

4. 언론 보도에 대한 반응

    A. 1

    B. 1, 2

    C. 1, 2, 3

    D. 1, 2, 3, 4

문제 74 갭과 적절한 트레이딩 전략을 짝지어라.

1. 일반 갭

2. 상향돌파 갭

3. 상향 지속 갭

4. 상향 소멸 갭

    A. 매수하고 갭 아래에 손실제한주문을 설정한다.

    B. 관망, 혹은 갭과 반대 방향으로 매매한다.

    C. 공매도한다.

    D. 되돌림을 기다린다.

그림 5

코코아

Nov　Dec　Jan　Feb　Mar　Apr

14.00
13.50
13.00
12.50
12.00
11.50
11.00
10.50
10.00
9.50

문제 75 그림 5의 A~D가 머리어깨형의 다음 요소들(1~4) 어디에 해당하는지 짝지어라.

1. 오른쪽 어깨

2. 목선

3. 머리

4. 왼쪽 어깨

문제 76 그림 5의 C 구간에서 공매도한다면

1. B 구간 위에서 환매하도록 손실제한주문을 설정한다.

2. B 구간에서 롱 포지션을 취하도록 주문을 낸다.

3. 주가가 목선 D 아래로 떨어진 뒤 목선으로 되돌림하면 숏 포지션

을 늘린다.

4. 주가가 목선을 향해 미끄러지면 차익을 실현한다.

    A. 1

    B. 1, 2

    C. 1, 2, 3

    D. 1, 2, 3, 4

문제 77 머리어깨형에서는 종종 예상보다 더 하락하는 경우가 있다는 사실을 염두에 두고 차트를 검토해보라. 그림 5의 X 지점(2월)에서 시장이 적어도 어느 정도까지 하락할 것이라 예상할 수 있는가?

A. 11.00

B. 10.30

C. 9.70

D. 정답 없음

문제 78 다음 중 삼각형, 사각형 패턴에 해당되는 설명은? 두 가지 모두에 해당되는 설명은?

A. 밀집구간의 가장자리를 이은 경계선은 황소 혹은 곰이 가진 역량의 최대치를 나타낸다.

B. 밀집구간의 가장자리를 이은 경계선이 서로 수렴한다.

C. 초기 돌파가 특히 중요하다.

D. 오래 지속될수록 돌파의 중요도는 높아진다.

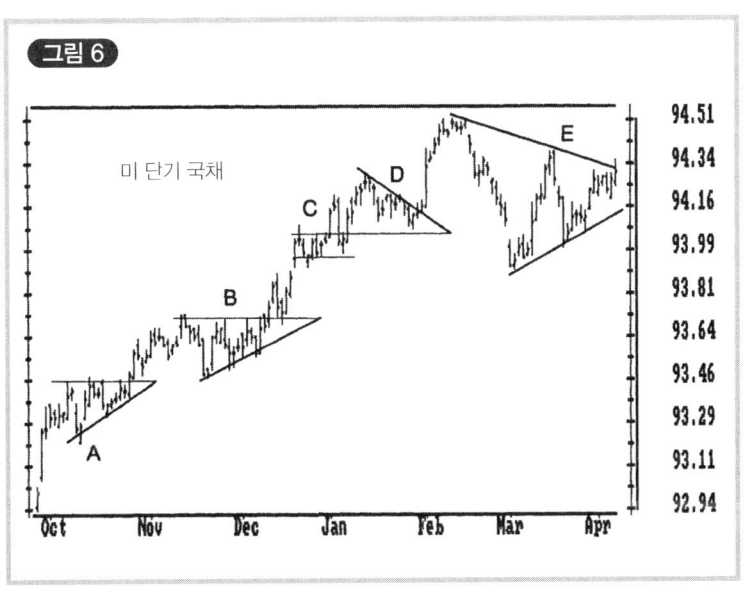

그림 6

미 단기 국채

문제 79 그림 6에서 다음 패턴을 식별하라.

1. 이등변삼각형

2. 상승삼각형

3. 하락삼각형

4. 사각형

문제 80 추세가 상승하고 있고 주가는 그림 6의 삼각형 B의 중간 지점에 있다. 트레이더가 할 일은?

1. 윗변을 상향돌파할 때 매수주문을 낸다.

2. 아랫변에서 매수주문을 낸다.

3. 상향돌파를 기다렸다가 되돌림에서 롱 포지션으로 진입한다.

4. 모든 매도주문을 취소한다.

    A. 1

    B. 1, 2

    C. 1, 2, 3

    D. 1, 2, 3, 4

PART 04

컴퓨터를 이용한 기술적 분석

트레이디에게는 그 어느 때보다 경쟁자가 많아졌다. 시장은 성장했고 데이터는 쉴 새 없이 지구촌 구석구석으로 전송되고 있다. 컴퓨터를 활용하면 이렇듯 홍수처럼 쏟아지는 정보를 처리해 경쟁자들보다 우위에 설 수 있다.

컴퓨터를 활용해 기술적 분석을 하려면 투자가 필요하지만 한층 객관적인 트레이딩을 할 수 있다. 지표는 거짓말을 하지 않는다. 지표가 상승하면 하늘이 두 쪽 나도 상승이고 지표가 하락하면 하늘이 두 쪽 나도 하락이다.

1~3번 문제부터 먼저 풀어보라. 정답 개수가 두 개 미만이라면 추

천한 자료를 먼저 읽어보기 바란다. 둘 이상을 맞췄을 경우에는 나머지 문제로 넘어가라. 기술적 분석용 소프트웨어가 있으면 프로그램을 가동해서 문제를 풀어도 좋다.

문제	1차 시도	2차 시도	3차 시도	4차 시도	5차 시도
81					
82					
83					
84					
85					
86					
87					
88					
89					
90					
91					
92					
93					
94					
95					
96					
97					
98					
99					
100					

101				
102				
103				
104				
105				
106				
107				
108				
109				
110				
111				
112				
정답 수				

문제 81 컴퓨터를 활용한 기술적 분석은

1. 전통적인 차트 분석보다 더 객관적이다.

2. 미래를 예측할 수 있다.

3. 트레이딩에서 감정을 배제한다.

4. 성공 트레이딩을 보장한다.

    A. 1

    B. 1, 2

    C. 1, 2, 3

    D. 1, 2, 3, 4

문제 82 컴퓨터를 트레이딩에 활용하려면 컴퓨터 소프트웨어와 분석을 위한 데이터가 필요하다. 선택하는 순서가 올바른 것은?

A. 데이터, 소프트웨어, 컴퓨터

B. 소프트웨어, 컴퓨터, 데이터

C. 컴퓨터, 데이터, 소프트웨어

D. 상관없음

문제 83 트레이딩 소프트웨어 패키지와 유형을 알맞게 짝지어라.

1. 현재의 시장 데이터를 입력하면 매수신호와 매도신호를 얻을 수 있다.

2. 1번과 동일하지만 두 지표 중 어느 한쪽에 상대적 가중치를 부여

할 수 있고 분석 기간을 설정할 수 있다.

3. 차팅 옵션과 지표를 모아둔 패키지다.

    A. 그레이박스

    B. 툴박스

    C. 블랙박스

문제 84 기술적 지표의 세 가지 부류에 대한 설명이다. 설명과 지표 유형을 짝지어라.

1. 시장의 군중심리를 통찰할 수 있다.

2. 횡보장에서는 변곡점을 포착하지만 추세를 보이는 시장에서는 성급하고 위험한 신호를 낸다.

3. 시장이 움직이고 있을 때는 적중률이 높지만 횡보장에서는 부적합한 신호를 낸다.

    A. 오실레이터

    B. 추세추종 지표

    C. 기타 군소 지표

문제 85 지난 6일 동안 종가가 23, 22, 21, 20, 23, 24에서 형성되었다. 마지막 날 5일 단순이동평균은 얼마인가?

A. 21

B. 22

C. 23

D. 정답 없음

문제 86 단순이동평균보다 지수이동평균의 적중률이 높은 이유가 아닌 것은?

A. 지수이동평균이 손으로 계산하기가 더 쉽다.

B. 지수이동평균이 주가 변화에 더 빨리 반응한다.

C. 과거의 데이터에 반응해 변하지 않는다.

D. 군중의 심리를 더 면밀하게 추적할 수 있다.

문제 87 지수이동평균으로 알 수 있는 가장 중요한 정보는?

A. 시간단위의 폭

B. 신고점으로 상승할 여력

C. 신저점으로 하락할 여력

D. 기울기의 방향

문제 88 그림 7의 각 구간(A~C)에 적합한 전략은?

1. 롱 포지션 관점에서만 매매한다.

2. 숏 포지션 관점에서만 매매한다.

3. 지수이동평균 조금 아래에서 롱 포지션으로 진입한다.

4. 지수이동평균 바로 위에서 숏 포지션으로 진입한다.

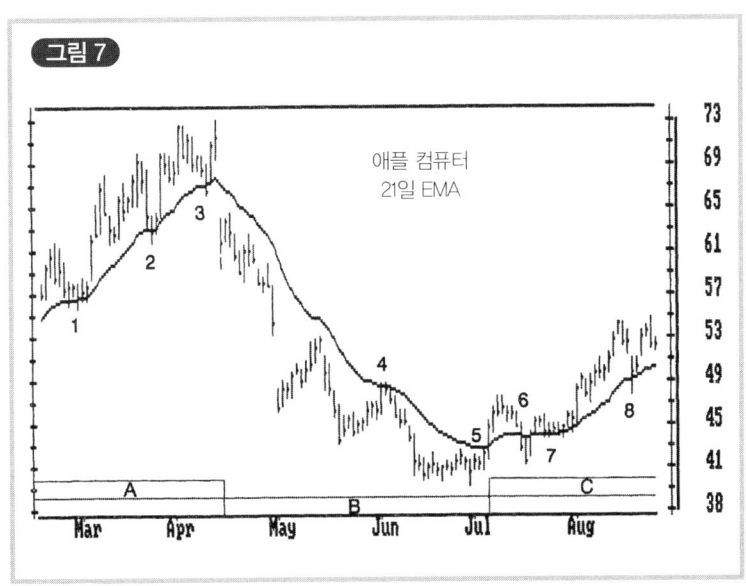

그림 7

애플 컴퓨터
21일 EMA

문제 89 그림 7의 각 구간(1~8)에 알맞은 전략은?

A. 롱 포지션으로 진입하되 가장 최근의 저점 바로 아래에 손실제한
   주문을 설정한다.

B. 숏 포지션으로 진입하되 가장 최근의 고점 바로 위에 손실제한주
   문을 설정한다.

C. 시장이 반전될 수 있으므로 포지션을 청산하고 관망한다.

문제 90 MACD에 대한 설명으로 올바른 것은?

1. 빠른 MACD선은 단기 강세 혹은 약세를 반영한다.

2. 느린 MACD선은 장기 강세 혹은 약세를 반영한다.

3. 빠른 선이 느린 선 위에 있으면 황소들이 시장을 장악하고 있다.

4. 빠른 선이 느린 선 아래에 있으면 곰들이 시장을 장악하고 있다.

   A. 1, 2

   B. 3, 4

   C. 정답 없음

   D. 1, 2, 3, 4

문제 91 MACD 히스토그램에 대한 설명으로 틀린 것은?

A. 빠른 MACD선과 느린 MACD선의 격차를 측정한다.

B. MACD 히스토그램이 상승하면 황소들이 패권을 쥐고 있다.

C. 주가 상승 또는 하락을 예측한다.

D. 시장 주도세력을 식별할 수 있다.

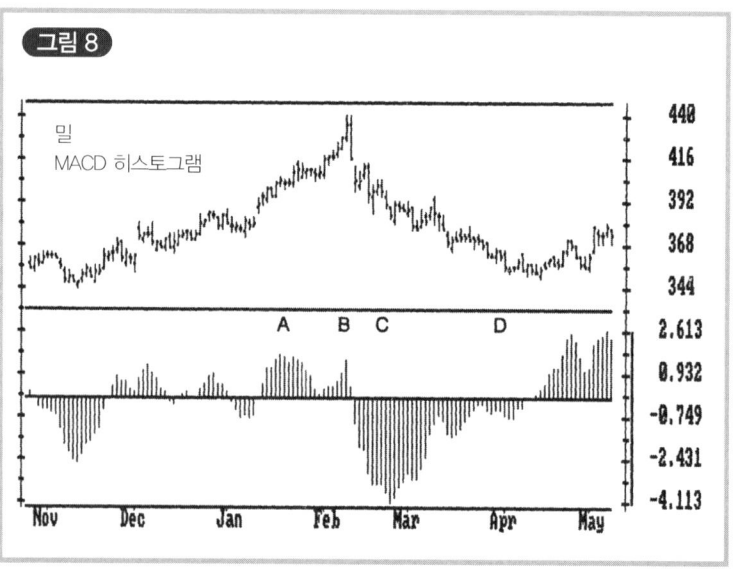

문제 92 그림 8의 구간(A~D)에 맞는 설명을 각각 짝지어라.

1. MACD 히스토그램이 신고점으로 상승한다. 가장 최근의 고점까지 주가가 다시 상승하거나 고점을 더 높일 것이다.

2. MACD 히스토그램이 신저점으로 하락한다. 주가가 가장 최근의 저점까지 다시 하락하거나 저점을 더 낮출 것이다.

3. 약세 다이버전스

4. 강세 다이버전스

문제 93 그림 8 차트의 오른쪽 끝에서 MACD 히스토그램을 보고 알 수 있는 것은?

A. 가장 최근의 고점까지 주가가 상승하거나 고점을 더 높일 것이다. 즉시 롱 포지션으로 진입한다.

B. 곰들이 시장을 장악하고 있다. 즉시 공매도한다.

C. 다음 되돌림에서 매수한다.

D. 다음 상승에서 공매도한다.

문제 94 다음 중 방향성 운동Directional Movement에 대한 설명으로 올바른 것은?

A. 일간 차트상 전일보다 위로 튀어나온 부분

B. 일간 차트상 전일보다 아래로 튀어나온 부분

C. 일간 차트상 전일보다 위나 아래로 튀어나온 부분 중 큰 쪽

D. 정답 없음

그림 9의 A~D 구간에 맞는 행동 수칙을 짝지어라.

1. 방향성 지표가 두 개의 방향성 선보다 위에서 하락하면 일부 차익
   을 실현하라.

2. 방향성 지표가 하단 방향성 선을 상향돌파하면 상단 방향성 선의
   방향으로 트레이딩하라.

3. 방향성 지표가 두 개의 방향성 선을 상향돌파하면 추세가 무르익
   었으므로 반전이 임박해 있다.

4. 방향성 지표가 두 개의 방향성 선보다 아래에 있으면 추세추종 기
   법을 활용하지 말라.

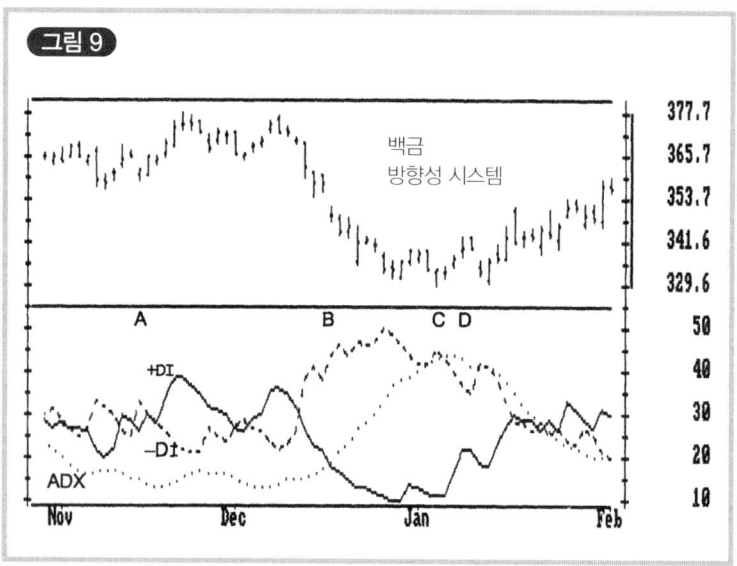

72

문제 96 그림 9의 오른쪽 끝에서 방향성 시스템이 지시하는 것은?

1. 롱 포지션 진입

2. 숏 포지션 진입

3. 관망

4. 다른 지표를 활용한다.

    A. 1, 3

    B. 2, 3

    C. 2, 4

    D. 3, 4

문제 97 오실레이터의 역할이 아닌 것은?

A. 천정과 바닥 포착

B. 군중의 비관수의나 낙관수의가 어디까지 이어질지 식별

C. 시장 움직임의 속도를 측정

D. 되돌림할 것으로 보고 주가가 이탈할 때 반대 방향으로 매매

문제 98 오실레이터에 관한 설명이다. 맞게 짝지어라.

1. 높은 수준의 오실레이터, 천정과 연계

2. 낮은 수준의 오실레이터, 바닥과 연계

3. 오실레이터의 고점들을 이은 선

4. 오실레이터의 저점들을 이은 선

A. 하단 기준선

B. 과매도

C. 과매수

D. 상단 기준선

문제 99 오실레이터가 몇 달 동안 계속 신고점을 기록할 경우 다음 중 개연성이 가장 낮은 것은?

A. 상승이 멈출 것이다.

B. 주가가 계속 고점을 높일 것이다.

C. 공매도신호는 무시하는 게 상책이다.

D. 주가가 하락할 것이다.

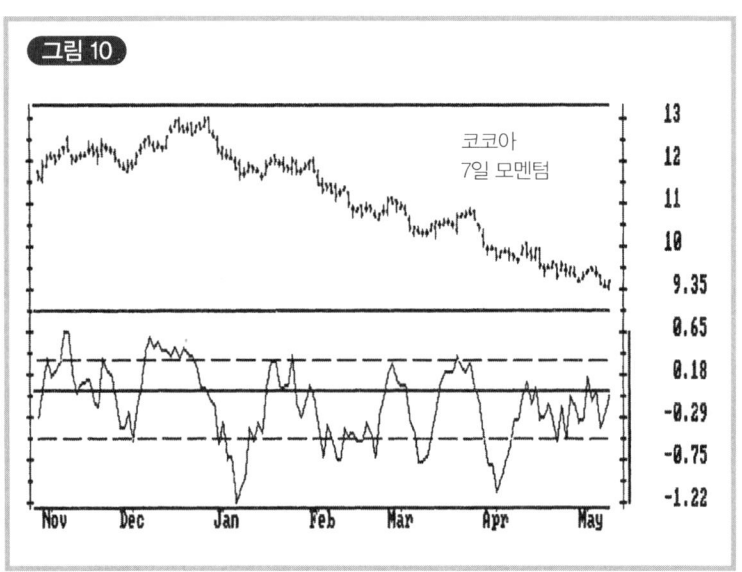

그림 10

코코아
7일 모멘텀

문제 100 그림 10에서 시장이 하락추세일 경우 7일 모멘텀 오실레이터가 가리키는 것은?

1. 공매도기회

2. 매도영역

3. 매수기회

4. 환매영역

    A. 1, 2

    B. 3, 4

    C. 1, 2, 3, 4

    D. 정답 없음

문제 101 지표와 주가 사이에 다이버전스가 발생하면 기술적 분석에시 가장 강력한 매수, 매도신호가 발생한다. 그림 11의 위아래로 한 쌍을 이루는 도표(A~F)와 다음 다이버전스 유형(1~6)을 짝지어라.

1. 유형 A 강세 다이버전스

2. 유형 A 약세 다이버전스

3. 유형 B 강세 다이버전스

4. 유형 B 약세 다이버전스

5. 유형 C 강세 다이버전스

6. 유형 C 약세 다이버전스

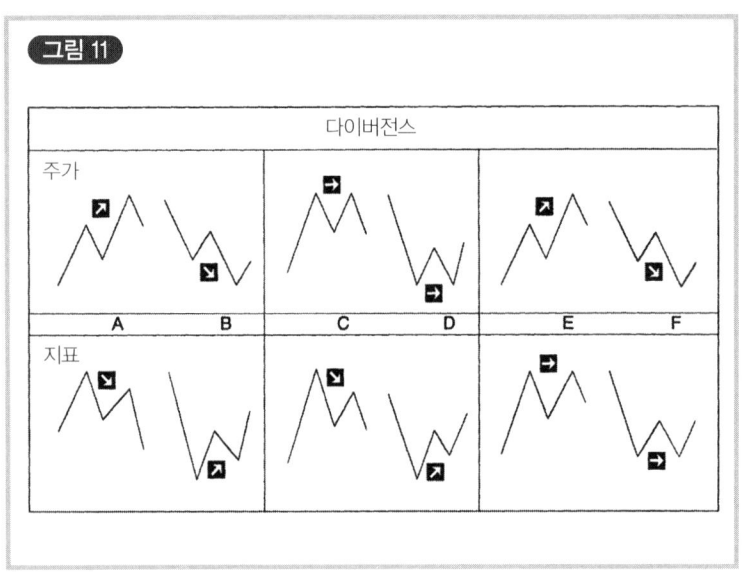

그림 11

다이버전스

주가

| A | B | C | D | E | F |

지표

문제 102 윌리엄스%R은 ( )에서 종가의 위치를 백분율로 나타 낸 지표다. ( ) 안에 알맞은 말은?

A. 최근 고점

B. 최근 저점

C. 최근 거래범위

D. 이동평균

문제 103 그림 12의 알파벳에 해당하는 윌리엄스%R의 유형을 짝 지어라.

1. 과매수

2. 과매도

3. 강세 다이버전스

4. 약세 다이버전스

5. 페일러 스윙

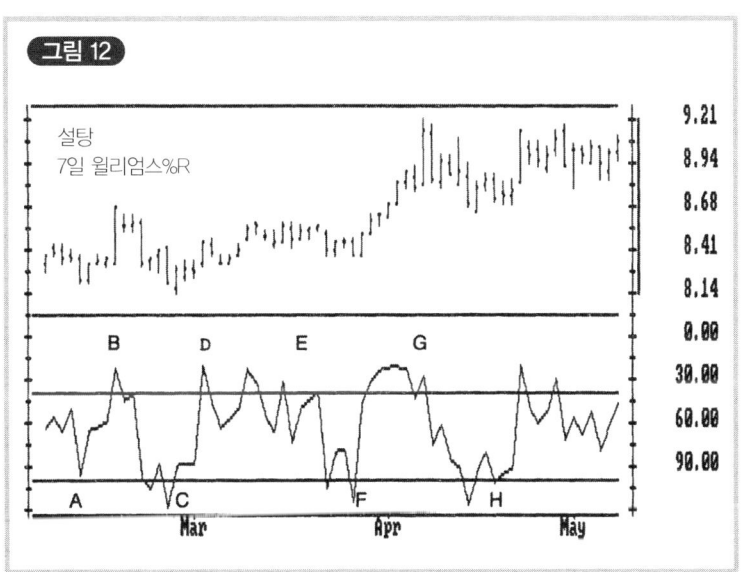

그림 12

설탕
7일 윌리엄스%R

문제 104 그림 12의 오른쪽 끝에 대한 설명으로 올바른 것은?

1. 윌리엄스%R이 상승하고 있다. 롱 포지션을 취하라.

2. 윌리엄스%R이 유형 B 약세 다이버전스를 보이고 있다. 숏 포지
   션을 취하라.

3. 3월에 시작된 상승추세가 꺾일 줄 모른다. 롱 포지션을 취하라.

4. 1개월 전에 상승추세가 주춤했다. 숏 포지션을 취하라.

   A. 1, 3

B. 2, 4

C. 1, 2, 3, 4

D. 정답 없음

문제 105 스토캐스틱 산출기간은 어떻게 설정해야 하는가?

1. 5일

2. 시장 사이클의 2분의 1

3. 21일

4. 애매할 때는 짧게 잡는다.

  A. 1, 2

  B. 2, 3

  C. 2, 4

  D. 1, 4

문제 106 스토캐스틱에 관한 설명이다. 바르게 짝지어라.

1. 지난 5일 동안 황소 진영의 최대치 역량

2. 시장 종가를 형성하는 황소 또는 곰 진영의 역량

3. 지난 5일 동안 곰 진영의 최대치 역량

4. 거래일 종장 무렵의 가치에 대한 합의

  A. 마지막 종가

  B. 5일 스토캐스틱

C. 5일 고가

D. 5일 저가

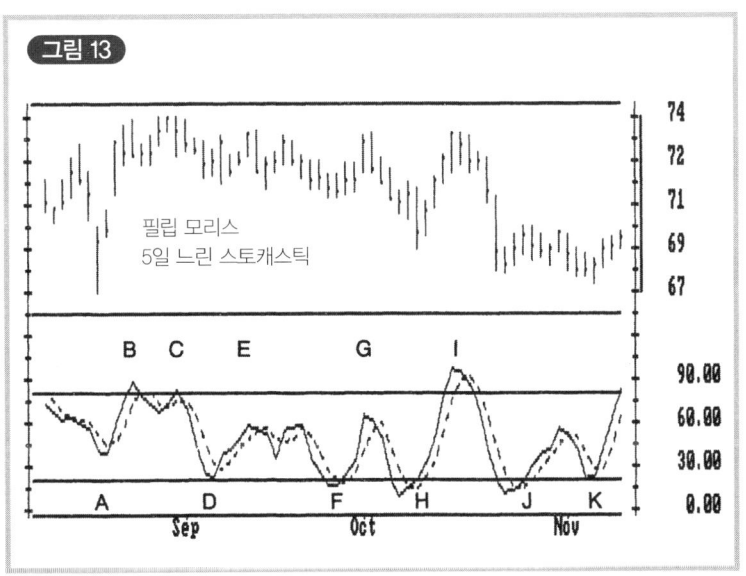

그림 13

필립 모리스
5일 느린 스토캐스틱

문제 **107** 그림 13의 알파벳과 스토캐스틱 유형을 바르게 짝지어라.

1. 과매수

2. 과매도

3. 강세 다이버전스

4. 약세 다이버전스

5. 페일러 스윙

문제 108 그림 13에서 오른쪽 끝은 어떤 매매신호를 보내고 있는가?

A. 스토캐스틱이 과매수 상태다. 숏 포지션으로 진입하라.

B. 스토캐스틱이 상승하고 있다. 롱 포지션으로 진입하라.

C. 8월에 시작된 하락추세가 여전히 힘을 발휘하고 있다. 숏 포지션
   으로 진입하라.

D. 관망하라.

문제 109 가격은 모든 시장 참여자의 가치에 대한 일시적 합의를
나타낸다. 하루의 가격 중 종가는 가장 중요한 가격이다. 그 이유는?

1. 장 마감 무렵에는 프로 트레이더들이 시장을 주도하므로

2. 종가로 계좌를 정산하므로

3. 포지션을 보유한 트레이더들은 장이 다시 열리기까지 종가에 묶
   여 있으므로

4. 신문에서 종가를 공표하므로

   A. 1

   B. 1, 2

   C. 1, 2, 3

   D. 1, 2, 3, 4

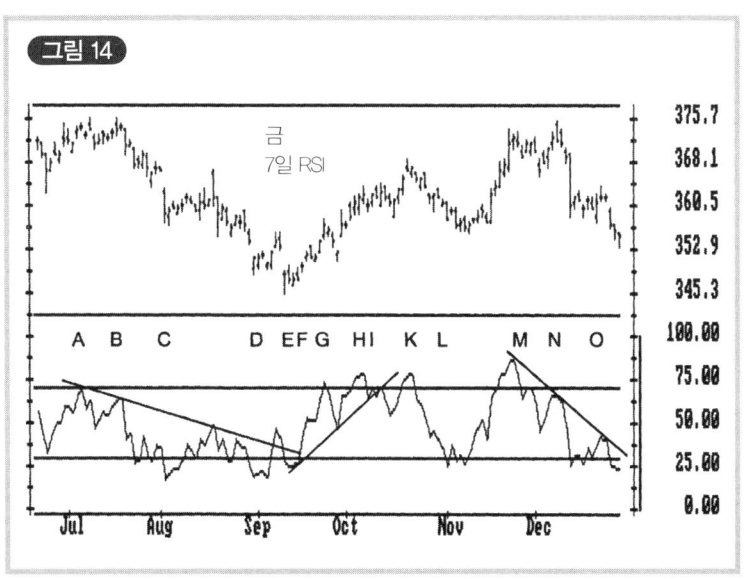

그림 14

금
7일 RSI

A B C   D E F G   HI K L   M N O

375.7
368.1
360.5
352.9
345.3
100.00
75.00
50.00
25.00
0.00

Jul   Aug   Sep   Oct   Nov   Dec

문제 110 그림 14의 상대강도 지수RSI 유형은?

1. 과매수

2. 과매도

3. 강세 다이버전스

4. 약세 다이버전스

5. 추세선 붕괴

문제 111 다른 지표와 구별되는 상대강도 지수RSI의 가장 두드러진 특징은?

1. 종가만을 기준으로 삼는다.

2. 다른 지표보다 다이버전스를 많이 드러낸다.

3. 시장의 과매수와 과매도 상태를 식별한다.

4. 추세선 분석에 유용하다.

    A. 1, 2

    B. 2, 3

    C. 3, 4

    D. 1, 4

문제 112 그림 14의 오른쪽 끝에서 상대강도 지수는 어떤 신호를 보내고 있는가?

A. 금시장이 과매도 상태다. 숏 포지션을 그대로 유지하든가 아니면 숏 포지션의 차익을 실현하라.

B. 금과 상대강도 지수의 추세가 하락하고 있다. 숏 포지션을 취하라.

C. 강세 다이버전스가 발생했다. 롱 포지션을 취하라.

D. 여러 가지 신호가 혼재한다. 잠시 관망하라.

PART 05

간과하기 쉬운
기본 지표들

아마추어 애널리스트나 트레이더들은 가격에만 온 신경을 집중한다. 가격 등락을 뚫어지게 쳐다보면서 최면에 걸리고, 틱이 한 번 오르내릴 때마다 돈을 세느라 머릿속이 바쁘다.

노련한 애널리스트는 가격의 변화와 거래량 변화를 비교하면서 시장을 심층적으로 통찰한다. 이들은 가격 변화가 얼마나 오랜 기간에 걸쳐 일어났는지 살피고 미결제약정의 수준으로 황소와 곰 진영의 세력 균형을 판단한다.

1~3번 문제를 먼저 풀어보라. 정답 수가 두 개 미만이라면 추천한 자료를 먼저 읽어보기 바란다. 둘 이상을 맞혔다면 나머지 문제로

넘어가라. 선물이나 옵션을 거래하지 않는다면 미결제약정에 대한 문제는 건너뛰고 총점에서 5점을 더하라.

문제	1차 시도	2차 시도	3차 시도	4차 시도	5차 시도
113					
114					
115					
116					
117					
118					
119					
120					
121					
122					
123					
124					
125					
126					
127					
128					
129					
130					
131					
132					
133					
정답 수					

문제 113 거래량에 대한 설명으로 올바른 것은?

1. 일정 기간 동안의 거래 횟수

2. 거래된 주식이나 계약 수

3. 일정 기간 동안 가격 변화 횟수

4. 트레이더와 투자자들의 활동

    A. 1

    B. 2, 3

    C. 4

    D. 1, 2, 3, 4

문제 114 거래량이 반영하는 것으로 옳지 않은 것은?

A. 시장 참여자들이 미래의 가격 변동에 어떻게 반응하는가.

B. 시장에서 얼마나 많은 승자와 패자가 거래하고 있는가.

C. 패사 집난이 포지션을 고수하고 있는가 아니면 포지션을 청산하고 있는가.

D. 트레이더들이 심리적으로 어느 정도 깊이 몰입하고 있는가.

문제 115 상승과 소폭 하락을 반복하면서 시장이 몇 달에 걸쳐 소폭 상승해왔다. 새로운 상승추세가 진행된다고 할 때 거래량(1~4)을 보고 시장 상황(A~D)을 서로 알맞게 짝지어라.

1. 앞선 상승보다 거래량이 조금 더 많다.

2. 앞선 상승보다 거래량이 두 배 많다.

3. 거래량이 앞선 상승의 절반 수준이다.

4. 거래량이 앞선 상승과 거의 비슷하다.

   A. 곰들이 패닉 상태에 빠졌다. 롱 포지션의 차익 일부를 실현하라.

   B. 상승추세가 탄탄하다. 롱 포지션을 그대로 유지하거나 규모를 늘려라.

   C. 상승추세가 탄력을 잃었다. 롱 포지션의 차익 일부를 실현하라.

   D. 상승추세가 탄탄하다. 롱 포지션을 그대로 유지하라.

문제 116 그림 15의 알파벳에 해당하는 거래량 패턴을 알맞게 짝지어라.

1. 가격은 신고점에 도달하지만 거래량은 감소한다. 천정이 예상된다. 롱 포지션을 매도하거나 손실제한을 좁혀라.

2. 가격은 하락하지만 거래량은 급증한다. 클라이맥스 바닥이 예상된다. 숏 포지션의 차익을 실현하고 롱 포지션으로 진입할 태세를 갖춰라.

3. 가격은 하락하면서 거래량이 증가한다. 추가 하락이 예상된다. 숏 포지션을 그대로 유지하거나 규모를 늘려라.

5. 가격이 신고점에 도달하면서 거래량이 감소한다. 바닥이 예상된다. 숏 포지션의 차익을 실현하거나 손실제한을 좁혀라.

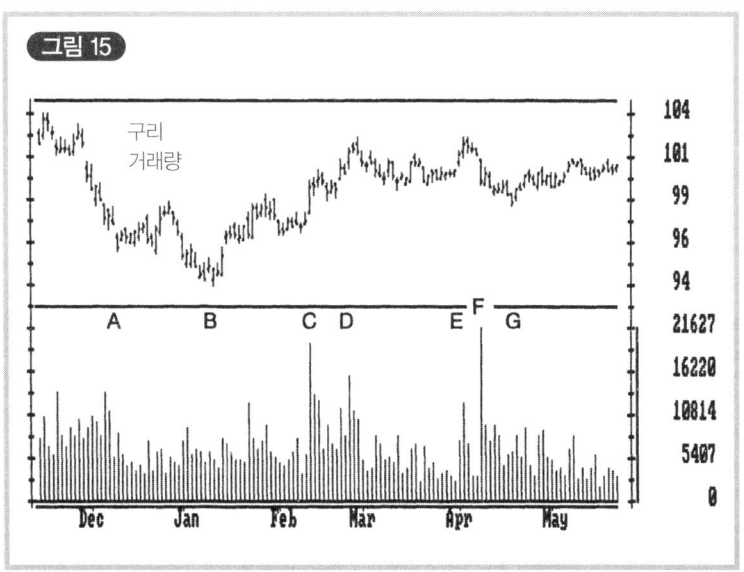

그림 15

구리
거래량

104
101
99
96
94

A   B   C D   E F G

21627
16220
10814
5407
0

Dec   Jan   Feb   Mar   Apr   May

문제 117 그림 15의 오른쪽 끝에서 거래량과 가격 패턴이 주는 신호는?

A. 4월의 클라이맥스 바닥에서 가격이 상승하고 있다. 롱 포지션으로 진입하라.

B. 가격이 2주 동안 거래범위의 고점 근처에 있고 거래량은 감소하고 있다. 숏 포지션으로 진입하라.

C. 가장 최근의 상승에서 거래량이 증가하고 있다. 롱 포지션을 취하라.

D. 잠시 관망하라.

문제 118 OBV는

1. OBV가 신저점으로 떨어지면 곰들이 활발하게 움직이고 있다는 의미다.

2. 트레이더들이 심리적으로 어느 정도 깊이 몰입하고 있는가를 추적한다.

3. 종종 가격이 신고점에 도달하기에 앞서 신고점에 도달한다.

4. 시장 종가가 하락할 때마다 상승한다.

    A. 1

    B. 1, 2

    C. 1, 2, 3

    D. 1, 2, 3, 4

문제 119 그림 16의 알파벳과 가격 및 OBV 유형을 바르게 짝지어라.

1. 약세 다이버전스. 롱 포지션을 매도하고 숏 포지션을 취하라.

2. OBV 신저점 기록. 추가 하락 예상. 숏 포지션 관점에서 트레이딩 하라.

3. OBV 신고점 기록. 추가 상승 예상. 롱 포지션 관점에서 트레이딩 하라.

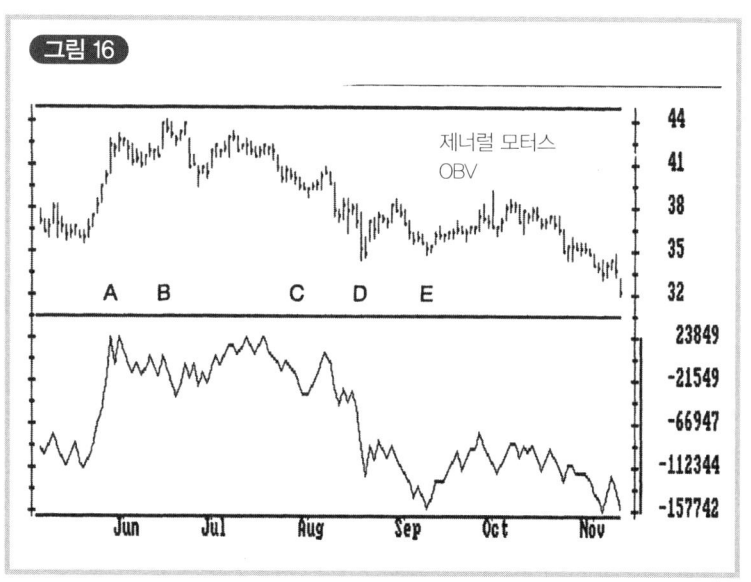

그림 16

제너럴 모터스
OBV

A B   C D E

44
41
38
35
32

23849
-21549
-66947
-112344
-157742

Jun   Jul   Aug   Sep   Oct   Nov

문제 120 그림 16의 오른쪽 끝에서 OBV가 보내는 신호는?

A. 9월에 시작된 OBV의 하락추세가 멈추지 않는다. 숏 포지션을 취하라.

B. 가격은 신저점으로 떨어지지만 OBV는 신저점으로 하락하지 않는다. 롱 포지션을 취하라.

C. OBV가 박스권을 보인다. 관망하라.

D. 정답 없음

문제 121 매집/분산A/D 지표에 대한 설명을 바르게 짝지어라.

1. 시가가 전일 종가보다 하락하고 종가는 시가보다 낮게 형성된다.

2. 시가가 전일 시가보다 상승하고 종가는 시사보다 높게 형성된다.

3. 시가가 전일 종가보다 상승하지만 종가는 저점에서 형성된다.

4. 시가가 전일 종가보다 하락하지만 종가는 고점에서 형성된다.

    A. 아마추어들은 약세 쪽에 베팅하고 프로들은 강세 쪽에 베팅한다.

    B. 아마추어들은 강세 쪽에 베팅하고 프로들은 약세 쪽에 베팅한다.

    C. 아마추어와 프로 모두 강세 쪽에 베팅한다.

    D. 아마추어와 프로 모두 약세 쪽에 베팅한다.

문제 122 시카고상품거래소^{CBOT}는 콩 미결제약정이 120,000계약
이라고 발표했다. 어떤 의미인가?

A. 트레이더가 보유한 롱 계약 수 60,000, 숏 계약 수 60,000

B. 트레이더가 보유한 롱 계약 수 120,000, 숏 계약 수 120,000

C. 트레이더가 보유한 롱 계약 수 240,000, 숏 계약 수 240,000

D. 트레이더가 보유한 롱 계약 및 숏 계약 수 알 수 없음

문제 123 1~4번 상황에 맞는 미결제약정의 변화를 알맞게 짝지어
라.

1. 롱 포지션을 보유한 트레이더가 숏 포지션을 보유한 트레이더에
   게 매도한다.

2. 숏 포지션으로 진입하려는 트레이더가 들어와 환매하려는 트레
   이더에게 매도한다.

3. 롱 포지션으로 진입하려는 트레이더가 롱 포지션을 정리하려는 기존의 롱 포지션 보유자에게 매수한다.

4. 새로운 매수자와 새로운 매도자가 서로 매매한다.

    A. 미결제약정 증가

    B. 미결제약정 감소

    C. 미결제약정 변동 없음

    D. 알 수 없음

문제 124 미결제약정이 증가한다는 것은 어떤 의미인가?

1. 황소들이 장세를 확신하고 공격적으로 매수에 나서고 있다.

2. 패자 진영에 새로운 패자들이 계속 시장에 유입되고 있다.

3. 추세가 지속될 것이다.

4. 곰들이 장세를 확신하고 공격적으로 공매도에 나서고 있다.

    A. 1

    B. 1, 2

    C. 1, 2, 3

    D. 1, 2, 3, 4

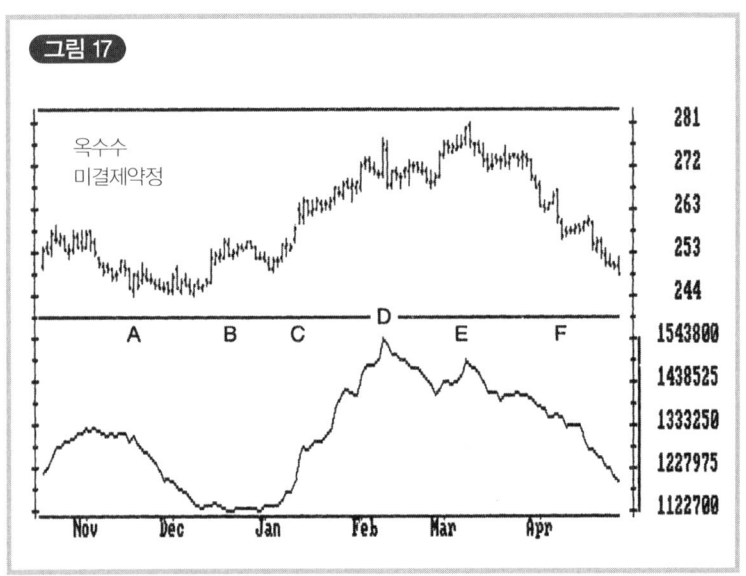

그림 17

옥수수
미결제약정

	281
	272
	263
	253
	244

A   B   C   D   E   F

	1543800
	1438525
	1333250
	1227975
	1122700

Nov   Dec   Jan   Feb   Mar   Apr

문제 125 그림 17의 알파벳에 해당하는 패턴을 바르게 짝지어라.

1. 미결제약정이 증가하면서 상승추세를 확증한다. 롱 포지션으로 진입하라.

2. 미결제약정이 변동이 없으므로 황소들이 탈출을 멈추고 있다. 환매하라.

3. 미결제약정이 감소하고 가격이 하락하고 있으므로 황소들이 시장에서 퇴출되고 곰들이 활발히 움직인다. 숏 포지션을 취하고 손실제한을 좁게 잡아라.

4. 약세 다이버전스. 숏 포지션을 취하라.

문제 126 그림 17의 오른쪽 끝에서 미결제약정을 보고 알 수 있는 것은?

1. 가격과 미결제약정 모두 하락하고 있다. 황소들이 달아나고 있다. 숏 포지션을 취하라.

2. 가격과 미결제약정 모두 하락하고 있다. 곰들이 하락추세를 의심하고 있다. 롱 포지션을 취하라.

3. 추세가 꾸준하게 하락하고 있다. 다음 단기 상승 시에 숏 포지션으로 진입해야 한다.

4. 가격과 미결제약정이 상승 전인 12월 수준에 근접하고 있다. 가장 최근의 고점 위에 매수주문을 내라.

    A. 1

    B. 2

    C. 3

    D. 3, 4

문제 127 헤릭정산 지수^{HPI}는 (　　)의 변화를 측정해 누적과 분산을 식별한다. (　　) 안에 알맞은 말은?

1. 가격

2. 거래량

3. 미결제약정

4. 이동평균

A. 1

B. 1, 2

C. 1, 2, 3

D. 1, 2, 3, 4

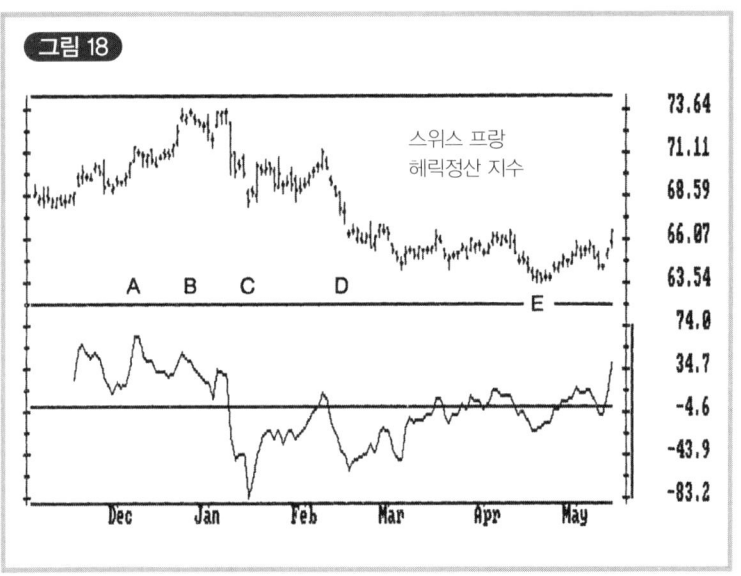

그림 18

스위스 프랑
헤릭정산 지수

73.64
71.11
68.59
66.07
63.54

A   B   C   D   E

74.0
34.7
-4.6
-43.9
-83.2

Dec   Jan   Feb   Mar   Apr   May

문제 128   그림 18에 제시된 헤릭정산 지수 차트의 알파벳과 신호를 바르게 연결하라.

1. 신저점. 거침없는 하락추세. 숏 포지션을 취하라.

2. 약세 다이버전스. 숏 포지션으로 진입할 태세를 갖춰라.

3. 신고점. 거침없는 상승추세. 롱 포지션을 취하라.

4. 강세 다이버전스. 롱 포지션으로 진입할 태세를 갖춰라.

문제 129 그림 18의 오른쪽 끝에서 알 수 있는 것은?

1. 헤릭정산 지수가 신고점에 도달한다. 롱 포지션을 취하라.

2. 가격이 거래범위 고점에 있다. 숏 포지션을 취하라.

3. 헤릭정산 지수가 중간선 위에 있다. 롱 포지션을 취하라.

4. 헤릭정산 지수가 과매수 상태다. 숏 포지션을 취하라.

    A. 1, 3

    B. 2, 4

    C. 1, 2, 3, 4

    D. 정답 없음

문제 130 시장 사이클은 어떤 이유로 발생하는가?

1. 경제 펀더멘털의 변화

2. 생산자와 소비자가 경기 호황기에는 탐욕을 부리고 경기 불황기 에는 공포에 사로잡히기 때문

3. 트레이더들이 비관주의와 낙관주의 사이를 넘나들기 때문에

4. 행성의 움직임에 영향을 받아서

    A. 1

    B. 1, 2

    C. 1, 2, 3

    D. 1, 2, 3, 4

문제 131   채권시장이 7일 상승 3일 하락, 8일 상승 4일 하락, 6일 상승 후 다시 하락하기 시작한다. 매수기회를 살펴야 할 때는?

A. 약 3일 후

B. 약 5일 후

C. 매수하기에 너무 늦었다. 상승추세가 너무 오래 지속되었다.

D. 추세는 상승하고 있다. 즉시 매수한다.

문제 132   그림 19의 알파벳과 '금융시장 지표의 계절'을 바르게 연결하라.

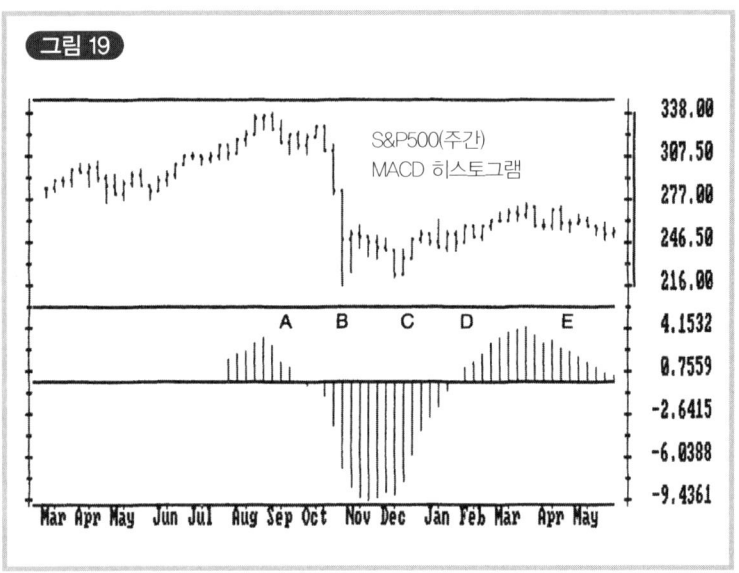

1. 봄. 롱 포지션을 취하라.

2. 여름. 롱 포지션의 차익을 실현하라.

3. 가을. 숏 포지션을 취하라.

4. 겨울. 숏 포지션의 차익을 실현하라.

문제 133 트레이더는 두 가지 시간단위로 시장을 심층적으로 분석한다. 다음 중 두 가지 시간단위의 조합으로 가장 알맞은 것은?

A. 주간 및 일간

B. 월간 및 일간

C. 연간 및 일간

D. 연간 및 주간

PART 06

주식시장의
중요한 지표들

주식시장 애널리스트들은 다른 시장의 트레이더들이 활용할 수 없는 지표를 이용하고 있다. 특별한 도구를 이용해서 주식시장이 강세인지 약세인지 분석할 수 있으며 이 분석 결과를 개별 종목, 지수선물, 옵션 트레이딩에 활용할 수 있다.

지난 20년 동안 주식시장이 변하면서 오래된 시장 지표들은 왜곡되었다. 신고점/신저점NH/NL 지수, 트레이더 지수TRIN 등 극소수 지표만이 오늘날에도 과거와 같은 성적을 보여주고 있다. 이 두 지수의 활용법을 익혀두면 트레이딩 실적을 향상시킬 수 있다.

신고점/신저점 지수에 관한 문제 1~2개, 그리고 중간쯤에 있는 트레이더 지수에 관한 문제 1~2개부터 먼저 풀어보라. 절반 이상 정답을 맞추지 못하면 추천 자료를 다시 읽어보라. 절반 이상 맞췄다면 나머지 문제를 풀어보라. 문제를 다 풀면 배운 것을 실전에 적용해보라.

문제	1차 시도	2차 시도	3차 시도	4차 시도	5차 시도
134					
135					
136					
137					
138					
139					
140					
141					
142					
정답 수					

문제 134 신고점/신저점 지수는

1. 특정일에 신고점을 기록한 종목 수를 측정한다.

2. 거래소에서 가장 약세를 보인 종목 수를 추적한다.

3. 특정일에 신저점을 기록한 종목 수를 측정한다.

4. 거래소에서 가장 강세를 보인 종목 수를 추적한다.

    A. 1, 3

    B. 2, 4

    C. 1, 2, 3, 4

    D. 정답 없음

문제 135 신고점/신저점 지수(1~4)와 시장에 대한 설명(A~D)을 바르게 짝지어라.

1. 지수가 양수이며 신고점으로 상승한다.

2. 주식시장이 신저점으로 하락하고 지수가 바닥을 높인다.

3. 지수가 음수이며 신저점으로 하락한다.

4. 주식시장이 신고점으로 상승하고 지수가 고점을 낮춘다.

    A. 약세 주도세력이 강력하다. 숏 포지션 관점에서 트레이딩하라.

    B. 약세 다이버전스로 황소들의 기운이 빠지고 있다. 롱 포지션의 차익을 실현하고 숏 포지션으로 진입할 기회를 모색하라.

    C. 강세 다이버전스로 곰들의 기운이 빠지고 있다. 숏 포지션의 차익을 실현하고 롱 포지션으로 진입할 기회를 모색하라.

D. 강세 주도세력이 강력하다. 롱 포지션 관점에서 트레이딩하라.

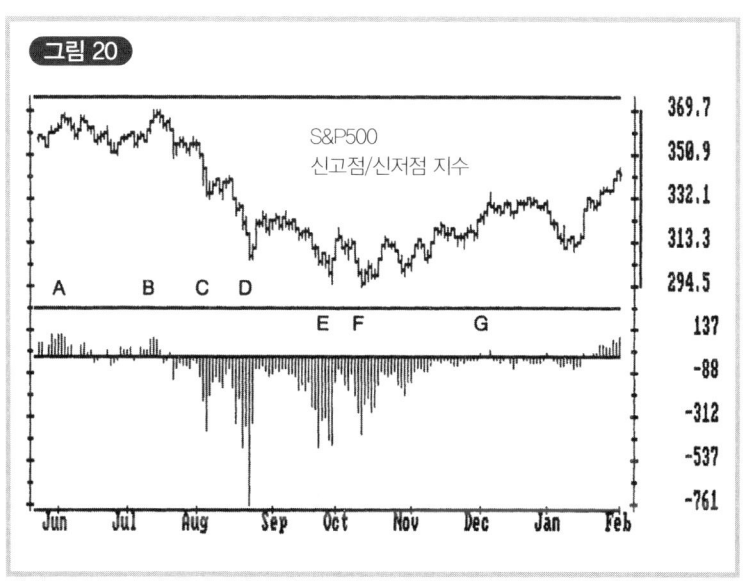

그림 20

S&P500
신고점/신저점 지수

A   B   C   D

E   F   G

369.7
350.9
332.1
313.3
294.5
137
-88
-312
-537
-761

Jun Jul Aug Sep Oct Nov Dec Jan Feb

문제 136 그림 20의 알파벳(A~G)에 해당되는 패턴(1~4)을 고르라.

1. 강세 다이버전스. 롱 포지션으로 진입할 태세를 갖춰라.

2. 약세 다이버전스. 숏 포지션으로 진입할 태세를 갖춰라.

3. 황소들이 시장을 장악하고 있다. 롱 포지션 관점에서 트레이딩하라.

4. 곰들이 시장을 장악하고 있다. 숏 포지션 관점에서 트레이딩하라.

문제 137 그림 20의 오른쪽 끝에서 신고점/신저점 지수가 주는 신호는?

1. 지수가 과매수 상태를 나타낸다. 공매도하라.

2. 지수가 양수이며 상승하고 있다. 롱 포지션으로 진입하라.

3. 강세 다이버전스가 아니다. 관망하라.

4. 여러 가지 매매신호가 혼재한다. 관망하라.

    A. 1

    B. 2

    C. 3, 4

    D. 정답 없음

문제 138   상승중인 주식의 거래량이 며칠 연속 평균치를 넘어서고 있다. 이런 현상은 무엇을 의미하는가?

A. 군중이 장세 상승에 돈을 걸고 있다. 롱 포지션으로 진입하라.

B. 시장이 과매수 상태다. 숏 포지션으로 진입하라.

C. 강세가 지속되지 못한다. 천정이 임박했다.

D. 비정상적인 현상이다. 관망하라.

문제 139 트레이더 지수^{TRIN}에 대한 설명으로 틀린 것은?

A. 트레이더 지수를 지수이동평균으로 평활화하면 적중률이 높다.

B. 군중들은 대체로 하락보다는 상승에 베팅하므로 트레이더 지수는 대체로 1보다 작다.

C. 트레이더 지수는 절대적인 과매수, 과매도 수준을 표시한다.

D. 트레이더 지수는 극단적인 낙관주의와 비관주의를 식별한다.

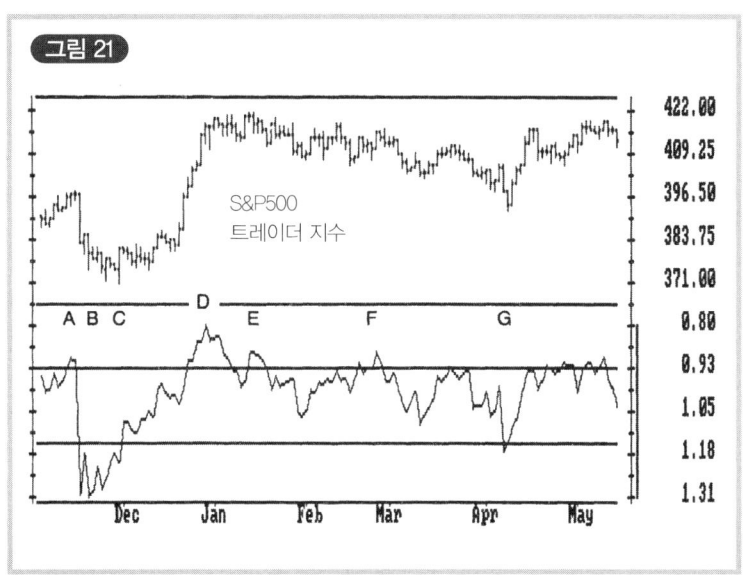

그림 21

S&P500
트레이더 지수

422.00
409.25
396.50
383.75
371.00

A B C   D   E   F   G   0.80
0.93
1.05
1.18
1.31

Dec   Jan   Feb   Mar   Apr   May

문제 140 그림 21의 알파벳(A~G)에 해당하는 패턴을 고르라.

1. 트레이더 지수가 과매수를 나타낸다. 트레이더 지수가 과매수영
   역을 벗어날 때 숏 포지션으로 진입하라.

2. 트레이더 지수가 과매도를 나타낸다. 트레이더 지수가 과매도영
   역을 벗어날 때 롱 포지션으로 진입하라.

3. 약세 다이버전스. 숏 포지션으로 진입하라.

4. 강세 다이버전스. 롱 포지션으로 진입하라.

문제 141 그림 21의 오른쪽 끝에 대한 설명으로 바른 것은?

A. 당장 매매기회가 보이지 않는다.

B. 트레이더 지수가 하락하고 있고 곰들이 시장을 장악하고 있다.

숏 포지션으로 진입하라.

C. 트레이더 지수가 바닥 수준에 다다랐다. 롱 포지션으로 진입하라.

문제 142 등락주선ADL에 대한 설명으로 바른 것은?

1. 상승종목 수와 하락종목 수를 추적한다.

2. 등락주선이 신고점으로 상승하면 시장은 강세, 등락주선이 신저점으로 하락하면 약세다.

3. 등락주선의 수준보다 등락주선의 천정과 바닥이 더 중요하다.

4. 거래량이 주가 움직임을 확증할 때를 표시한다.

　　A. 1

　　B. 1, 2

　　C. 1, 2, 3

　　D. 정답 없음

PART 07

시장 심리를
보여주는 지표들

금융시장에는 수많은 트레이더들이 매수, 매도주문을 낸다. 황소와 곰들이 움직이면 집단의 낙관주의와 비관주의, 탐욕과 공포, 실망과 환희가 거대한 물결을 일으키며 출렁인다. 관망하던 자들도 이처럼 요동치는 군중심리의 파도에 휩쓸려 시장에 들어오고 시장에서는 더 많은 매수, 매도 행위가 일어난다. 장기적으로는 경제의 펀더멘털 요소가 시장을 지배할 수도 있지만 중단기적으로는 군중심리가 시장의 움직임을 결정한다.

군중심리를 측정하는 몇 가지 지표가 있다. 이 지표들을 통해 시장을 꿰뚫어볼 수 있고 중요한 매매기회를 포착할 수 있다. 미국에서는 심리 지표를 추적해 투자자문을 제공하는 서비스가 성행하고 있을 정도로 심리 지표는 특히 주목받고 있다.

이 장에서 무작위로 세 문제를 골라 풀어보라. 정답을 두 개 이상 맞추지 못하면 추천 자료를 다시 읽어보라. 두 개 이상 정답을 맞췄다면 나머지 문제를 풀어보라.

문제	1차 시도	2차 시도	3차 시도	4차 시도	5차 시도
143					
144					
145					
146					
147					
148					
149					
정답 수					

문제 143 시장 참여자의 대다수가 상승 쪽에 돈을 걸면

1. 시장은 고점 부근에 다다른다. 롱 포지션을 청산하고 숏 포지션으로 진입할 기회를 모색하라.

2. 강력한 상승추세다. 롱 포지션으로 진입하라.

3. 시장을 지지할 만한 새로운 매수자가 충분치 않다.

4. 장세를 확신하는 황소들의 세력이 강력하다.

    A. 1

    B. 1, 3

    C. 2

    D. 2, 4

문제 144 선물이나 옵션시장이 강력한 상승추세에 돌입하면 강세 합의 지수는 75퍼센트로 싱승한다. 이에 내한 설녕으로 바른 것은?

A. 곰 1인당 평균 보유자금이 황소 1인당 평균 보유자금의 세 배에 해당한다.

B. 곰 1인당 평균 보유자금과 황소 1인당 평균 보유자금은 비슷하다.

C. 황소 1인당 평균 보유자금이 곰 1인당 평균 보유자금의 세 배에 해당한다.

D. 이 정보로는 곰 혹은 황소 1인당 보유자금을 알 수 없다.

문제 145 옥수수 풍작으로 옥수수 가격이 하락하고 있다. 선물이 하락일로에 접어들면서 강세합의 지수가 20퍼센트까지 떨어진다. 이에 대한 설명으로 바른 것은?

A. 황소 1인당 평균 보유자금이 곰 1인당 평균 보유자금의 다섯 배에 해당한다.

B. 황소 1인당 평균 보유자금과 곰 1인당 평균 보유자금은 비슷하다.

C. 곰 1인당 평균 보유자금이 황소 1인당 평균 보유자금의 다섯 배에 해당한다.

D. 황소 1인당 평균 보유자금이 곰 1인당 보유자금의 네 배에 해당한다.

문제 146 커피 가격이 6년래 최고 수준에 도달했다는 신문 보도가 나왔다. 신문은 커피 재배국인 브라질에 눈이 내리고 있다고 보도하고 있다. 장모님은 가격이 더 오르기 전에 인스턴트 커피 5파운드를 사두라고 한다. 트레이더는 어떻게 대응해야 하는가?

A. 커피선물시장에서 롱 포지션으로 진입하거나 콜옵션을 매수한다.

B. 커피선물시장에서 숏 포지션으로 진입하거나 풋옵션을 매수한다.

C. 커피 가격을 따라 코코아 가격이 상승할 것이므로 코코아선물시장에서 롱 포지션으로 진입한다.

D. 커피 가격 상승은 인플레이션 신호이므로 금을 매수한다.

문제 147 포지션과 설명을 바르게 짝지어라.

1. 포지션 한도

2. 의무 보고

3. 내부 정보

4. 헤징

　　A. 트레이딩 시 정부 기관에 보고해야 되는 수준

　　B. 현물시장의 포지션 위험을 상쇄하기 위해 선물시장에서 포지션을 취한다.

　　C. 기업은 초과할 수 있다.

　　D. 선물시장에서는 합법이다.

문제 148 시장 참여자에 대한 설명을 바르게 짝지어라.

1. 소자본 투기자

2. 대자본 투기자

3. 기업

4. 기업 내부자

　　A. 보고 수준을 초과하는 계약을 보유

　　B. 사업 위험을 헤징한다.

　　C. 기업 임원이나 주식 대량 보유자

　　D. '헛발질' 집단

문제 149 약세가 11개월째 이어지고 있다. 내가 주식을 보유하고 있는 기업의 분기 실적발표 결과 실적이 하락했다. 그 기업의 부회장 두 명과 대주주 한 명이 기업 주식을 매수했고, 주식은 전년 저점보다 1달러 상승했다. 나는 어떻게 대응해야 하는가?

A. 즉시 공매도한다(강력한 약세장이다).

B. 즉시 매수한다(내부자 매수).

C. 강세장이 시작될 때까지 관망한다.

D. 매수를 시작해 롱 포지션을 늘려나간다.

PART 08

시장의 주도세력을
알려주는
새로운 지표들

성공 트레이딩으로 가려면 다른 트레이더보다 우수한 트레이딩 툴을 보유해야 한다. 또한 군중보다 규율과 자제력이 있어야 한다. 어찌 됐든 모든 수단을 총동원해 시장에서 우위를 점해야 한다.

여기서는 강도 지수와 엘더-레이 지수에 대한 지식을 테스트할 것이다. 강도 지수와 엘더-레이를 통해 적절한 진입시점을 포착하고 수익이 나는 포지션을 보유, 또는 확대할 시기를 결정하며 차익실현 시점을 알 수 있다.

어떤 지표나 트레이딩도 자신만의 독특한 트레이딩 스타일에 맞춰 자신의 것으로 만들어야 제대로 작동한다. 강도 지수와 엘더-레이를 활용할 시점이면 스스로 툴을 개발해도 된다.

초반에 나오는 엘더-레이에 관한 문제를 1~2개, 중반에 나오는 강도 지수에 관한 문제 1~2개 먼저 풀어보라. 정답률이 50퍼센트 이하이면 추천 자료를 먼저 읽어보라. 정답률이 50퍼센트 이상이라면 나머지 문제를 풀어보라.

문제	1차 시도	2차 시도	3차 시도	4차 시도	5차 시도
150					
151					
152					
153					
154					
155					
156					
157					
158					
159					
160					
정답 수					

문제 150 엘더-레이에 관한 설명을 서로 바르게 짝지어라.

1. 곰 진영 역량의 최대치

2. 가치에 관한 평균적 합의

3. 황소 진영 역량의 최대치

4. 하루 중 가치에 대한 가장 중요한 합의

    A. 일중 고가

    B. 일중 저가

    C. 종가

    D. 이동평균

문제 151 불 파워와 베어 파워에 대한 설명이다. 서로 바르게 짝지어라.

1. 지수이동 평균에 일중 고가를 차감한 값

2. 일중 저가에 지수이동평균을 차감한 값

3. 지수이동평균에 일중 저가를 차감한 값

4. 일중 고가에 지수이동평균을 차감한 값

    A. 불 파워

    B. 베어 파워

    C. 불 파워, 베어 파워

    D. 둘 다 아님

엘더-레이에 대한 설명으로 바른 것은?

1. 황소와 곰 세력의 상대 강도를 비교한다.

2. 시장의 추세를 식별한다.

3. 매수, 매도 지점을 알려준다.

4. 자동 트레이딩 시스템 역할을 할 수 있다.

    A. 1

    B. 1, 2

    C. 1, 2, 3

    D. 1, 2, 3, 4

문제 153 엘더-레이 패턴과 매매신호를 바르게 연결하라.

1. 베어 파워가 강세 다이버전스를 보인다.

2. 지수이동평균이 하락한다. 불 파워가 양수지만 하락하고 있다.

3. 불 파워가 약세 다이버전스를 보인다.

4. 지수이동평균이 상승한다. 베어 파워가 음수지만 상승하고 있다.

    A. 롱 포지션으로 진입

    B. 숏 포지션으로 진입

    C. 롱 포지션 매도

    D. 숏 포지션 환매

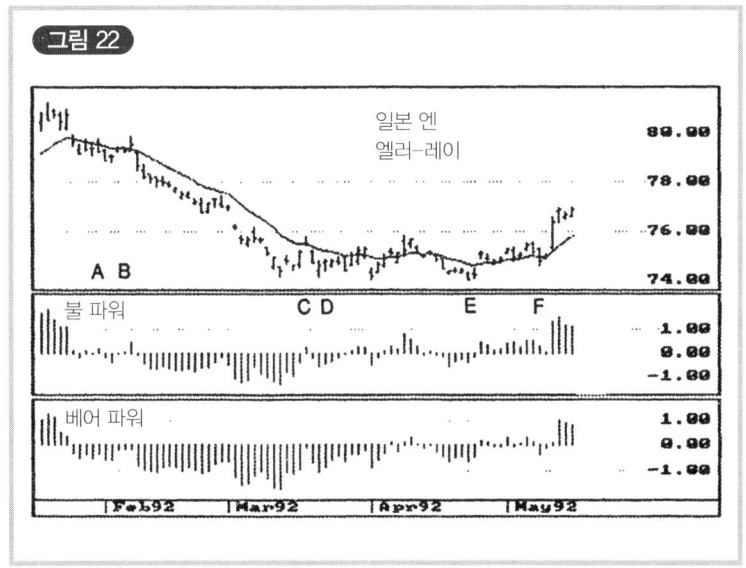

그림 22

일본 엔
엘더-레이

불 파워

베어 파워

문제 154 그림 22의 엘더-레이 차트의 알파벳(A~F)에 해당하는 패턴을 고르라.

1. 지수이동평균이 횡보, 베어 파워가 강력한 강세 다이버전스를 보인다. 상승 전환을 기다려 매수하라.

2. 지수이동평균이 하락, 베어 파워가 강세 다이버전스를 보인다. 환매하라.

3. 지수이동평균이 상승, 베어 파워가 음수. 롱 포지션으로 진입하라.

4. 지수이동평균이 하락, 불 파워가 양수. 숏 포지션으로 진입하라.

문제 155 그림 22의 F 구간에서 롱 포지션에 진입했고, 차트 오른쪽 끝 시점에도 보유 중이다. 엘더-레이가 보내는 신호는?

A. 롱 포지션을 보유하고 손실제한을 높여서 수익을 방어하라.

B. 불 파워가 약해지고 있다. 롱 포지션의 차익을 실현하라.

C. 불 파워와 베어 파워 모두 지나치게 높다. 숏 포지션으로 진입하라.

D. 관망하라. 뚜렷한 매매신호가 없다.

문제 156 가격이 변할 때 움직임의 강도를 나타내는 것은?

1. 거리

2. 거래량

3. 방향

4. 관련 시장

    A. 1

    B. 1, 2

    C. 1, 2, 3

    D. 1, 2, 3, 4

문제 157 강도 지수 산출 공식은?

A. 오늘 종가 × (오늘 거래량 - 전일 거래량)

B. 오늘 종가 × (오늘 거래량 + 전일 거래량)

C. 오늘 거래량 × (오늘 종가 + 전일 종가)

D. 오늘 거래량 × (오늘 종가 - 전일 종가)

문제 158 강도 지수를 이동평균으로 평활화하는 이유는?

1. 일일 강도 지수의 히스토그램이 너무 들쭉날쭉하므로.

2. 강도 지수의 2일 지수이동평균을 구하면 시장 진입시점을 알 수 있으므로.

3. 강도 지수의 13일 지수이동평균을 구하면 황소와 곰 세력의 변화를 알 수 있으므로.

4. 평활화 강도 지수와 가격의 다이버전스로 시장의 변곡점을 식별할 수 있으므로.

    A. 1

    B. 1, 2

    C. 1, 2, 3

    D. 1, 2, 3, 4

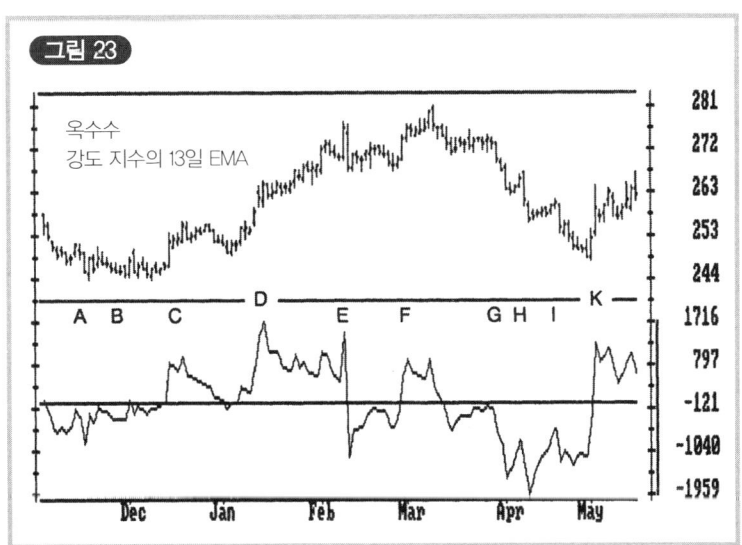

그림 23

옥수수
강도 지수의 13일 EMA

문제 159 그림 23은 강도 지수를 13일 지수이동평균으로 평활화한 차트다. 그림 23의 알파벳(A~K)에 알맞은 패턴을 고르라.

1. 신고점에 도달하며 상승. 롱 포지션을 그대로 보유하든가 다음 조정에 롱 포지션을 늘려라.

2. 약세 다이버전스. 롱 포지션을 매도하고 숏 포지션으로 진입하라.

3. 신저점에 도달하며 하락. 숏 포지션을 그대로 보유하든가 다음 반등에 숏 포지션을 늘려라.

4. 강세 다이버전스. 환매하고 롱 포지션으로 진입하라.

문제 160 그림 23의 오른쪽 끝에서 강도 지수의 13일 지수이동평균이 보내는 신호는?

1. 강도 지수가 신고점에 도달. 추가 상승이 예상됨. 롱 포지션으로 진입하라.

2. 강도 지수가 약세 다이버전스를 보인다. 숏 포지션으로 진입하라.

3. 추세가 상승하고 있고 강도 지수가 양수이므로 조정 시 매수하라.

4. 시장이 너무 상승했고 강도 지수가 하락하고 있으므로 매도하라.

   A. 1

   B. 1, 3

   C. 2

   D. 2, 4

PART 09

트레이딩 시스템

트레이딩 시스템이란 무엇일까? 과거의 데이터를 활용해 세밀하게 조정한 다음 자동으로 작동해서 수익을 창출하는 마법의 장치일까? 아니면 그저 위험신호를 보내고 수익을 얻을 확률이 가장 높은 기회를 알려주는 의사결정 기구에 지나지 않는 것일까?

트레이딩 시스템은 온갖 소음이 난무하는 시장에서 멀찍이 떨어져 고요한 사무실에서 개발된 것이다. 트레이딩 시스템은 시장에서 해야 할 일을 조용히 지시해준다. 적절하게 고안된 시스템은 군중심리의 거대한 파도가 휩쓸고 지나갈 때 자제력을 잃지 않도록 보호해준다.

여기서는 오랜 세월을 거치면서 검증된 몇 가지 트레이딩 시스템에 관한 지식을 물어볼 것이다. 문제를 풀면서 이들 시스템 중 한 가지 혹은 여러 가지를 트레이딩에 활용할 것인지, 아니면 이 시스템을 이용해 자신만의 시스템을 개발할 것인지 생각해보라.

삼중 스크린 매매 시스템을 다룬 앞 부분에서 두 문제, 파라볼릭과 채널 트레이딩 시스템을 다룬 중간 부분에서 두 문제를 골라 풀어보라. 세 문제 이상을 맞추지 못하면 추천한 자료를 다시 읽어보라. 세 문제 이상을 맞췄다면 나머지 문제를 풀어보라. 서두르지 말라. 적절한 트레이딩 시스템을 개발하려면 생각과 노력, 시간이 필요하다.

문제	1차 시도	2차 시도	3차 시도	4차 시도	5차 시도
161					
162					
163					
164					
165					
166					
167					
168					
169					
170					
171					

172					
173					
174					
175					
176					
177					
178					
179					
180					
정답 수					

문제 161 시장에 관한 다음 설명 중 동시에 일어나는 현상을 바르게 짝지은 것은?

1. 추세가 상승한다.

2. 추세가 하락한다.

3. 지표가 매수신호를 낸다.

4. 지표가 매도신호를 낸다.

    A. 1, 3

    B. 2, 4

    C. 1, 2, 3, 4

    D. 정답 없음

문제 162 일간 차트에서 매매기회를 살필 때 적절한 것은?

A. 일간 차트에만 집중한다.

B. 주간 차트로 추세를 식별하고 주간 차트의 추세 방향대로 매매기회를 살핀다.

C. 일간 차트에서 매매기회를 찾고 주간 차트가 같은 방향을 가리키고 있는지 점검한다.

D. 월간 차트에서 추세를 식별하고 일간 차트를 활용해 추세 방향대로 매매기회를 살핀다.

문제 163 삼중 스크린 매매 시스템의 첫 번째 스크린으로 주간 MACD 히스토그램을 선택했다. 주간 MACD 히스토그램이 하락하면

A. 롱 포지션으로 진입한다.

B. 숏 포지션으로 진입한다.

C. 롱 포지션으로 진입하거나 관망한다.

D. 숏 포지션으로 진입하거나 관망한다.

문제 164 삼중 스크린 매매 시스템을 활용하는 중 첫 번째 스크리닝 단계에서 추세가 상승하고 있다. 두 번째 스크린의 5일 스토캐스틱이 85까지 상승하면?

A. 즉시 롱 포지션으로 진입한다.

B. 즉시 숏 포지션으로 진입한다.

C. 스토캐스틱이 40 아래로 하락할 때까지 기다렸다가 롱 포지션으로 진입한다.

D. 스토캐스틱이 40 아래로 하락할 때까지 기다렸다가 숏 포지션으로 진입한다.

문제 165 주간 추세가 상승하고 있지만 지난 며칠 동안의 하락세로 강도 지수의 2일 지수이동평균이 0 아래로 떨어졌다. 트레이더의 대응은?

A. 첫 번째와 두 번째 스크리닝이 일치된 움직임을 보일 때까지 기

다린다.

B. 전일 고점 위에 매수주문을 낸다.

C. 전일 저점 아래에 공매도주문을 낸다.

D. 보유 포지션을 모두 청산한다.

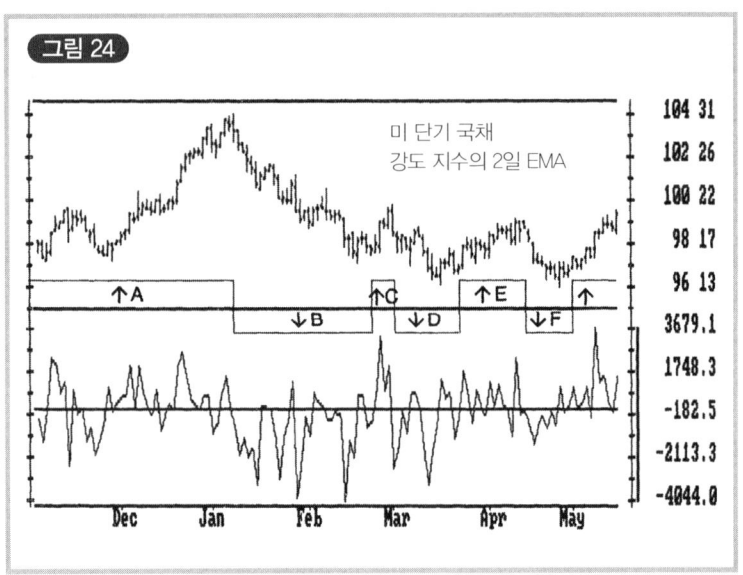

그림 24

미 단기 국채
강도 지수의 2일 EMA

↑A   ↑C   ↑E   ↑
  ↓B   ↓D   ↓F

104 31
102 26
100 22
98 17
96 13

3679.1
1748.3
-182.5
-2113.3
-4044.0

Dec Jan Feb Mar Apr May

문제 166 그림 24는 강도 지수의 2일 지수이동평균이다. 알파벳 (A~F)에 알맞은 대응을 고르라.

1. 0 아래로 하락하면 매수한다.

2. 0 위로 상승하면 공매도한다.

3. 0 아래로 하락하면 숏 포지션의 차익을 실현한다.

4. 0 위로 상승하면 롱 포지션의 차익을 실현한다.

문제 167 그림 24의 오른쪽 끝에서 삼중 스크린 매매 시스템이 보내는 신호는?

1. 주간 차트 상승추세. 일간 차트 상승추세. 즉시 롱 포지션으로 진입하라.

2. 일일 강도 지수가 약세 다이버전스를 보인다. 즉시 숏 포지션으로 진입하라.

3. 주간 차트 상승추세. 일일 강도 지수 과매수. 일일 강도 지수가 0 아래로 하락할 때까지 기다렸다 매수하라.

4. 가격이 거래범위의 상단에 있고 일일 강도 지수가 약세 다이버전스를 보인다. 롱 포지션의 차익을 실현하라.

    A. 1, 3

    B. 2

    C. 3, 4

    D. 4

문제 168 삼중 스크린 매매 시스템의 신호와 이에 알맞은 대응을 서로 연결하라.

1. 주간 차트 상승추세. 일간 차트 상승추세

2. 주간 차트 상승추세. 일간 차트 하락추세

3. 주간 차트 하락추세. 일간 차트 상승추세

4. 주간 차트 하락추세. 일간 차트 하락추세

A. 롱 포지션 진입

B. 숏 포지션 진입

C. 새로운 포지션 진입하지 않음

문제 169 파라볼릭 트레이딩 시스템은 무엇에 따라 손실제한을 빠르게 혹은 느리게 조정하는가?

1. 가격 움직임

2. 시간의 흐름

3. 가속 계수

4. 트레이딩의 수익성

   A. 1

   B. 1, 2

   C. 1, 2, 3

   D. 1, 2, 3, 4

문제 170 파라볼릭 시스템은

1. 시간의 흐름에 트레이더가 반응하도록 강제한다.

2. 추세가 거침없이 진행될 때 트레이딩할 수 있도록 도와준다.

3. 트레이딩 포지션을 역으로 취하도록 도와준다.

4. 우물쭈물하는 경우가 없도록 도와준다.

   A. 1

B. 1, 2

C. 1, 2, 3

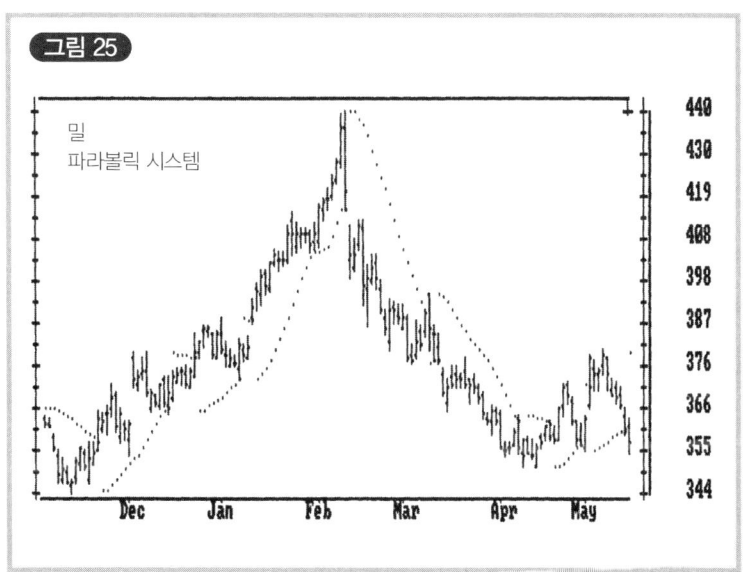

그림 25

밀
파라볼릭 시스템

문제 171 1월 밀 가격이 상승할 때 롱 포지션으로 진입해 파라볼릭을 작동시켰다. 파라볼릭으로 롱 포지션을 유지하다 2월 들어 숏 포지션으로 전환되었다. 3월에 1회 속임수신호가 발생했다. 그림 25의 오른쪽 끝에서 어떤 선택을 해야 하는가?

A. 밀 가격이 지지영역에 있다. 롱 포지션으로 진입하고 진입시점부터 파라볼릭을 산출한다.

B. 밀 가격이 밀집구간에 있다. 파라볼릭을 활용하지 않는다.

C. 파리볼릭의 현재 신호에 따라 숏 포지션으로 진입하고 시장가 위

에 손실제한주문을 설정한다.

문제 172 가격 채널을 구축하는 방법은?

1. 추세선과 나란히 채널선을 그린다.

2. 이동평균선과 나란히 두 개의 선을 그린다.

3. 고점의 이동평균선과 저점의 이동평균선을 각각 하나씩 그린다.

4. 변동성에 따라 이동평균선으로부터 떨어진 두 개의 선을 그린다.

    A. 1

    B. 1, 2

    C. 1, 2, 3

    D. 1, 2, 3, 4

문제 173 적절한 채널폭은?

A. 트레이더만 아는 비밀이다.

B. 산출하려면 컴퓨터가 필요하다.

C. 가격의 90퍼센트를 포함한다.

D. 가격의 50퍼센트를 포함한다.

문제 174 이동평균 채널에 대한 설명을 바르게 짝지어라.

1. 시장이 저평가되었다.

2. 시장이 고평가되었다.

3. 변동성에 의해 결정된다.

4. 시장이 적정선에서 평가되었다.

    A. 상단 채널선

    B. 이동평균

    C. 하단 채널선

    D. 채널 계수

문제 175 채널 활용법으로 가장 올바른 것은?

A. 상향돌파 시 매수, 하향돌파 시 공매도

B. 상향돌파 시 공매도, 하향돌파 시 매수

C. 지표 패턴에 따라 A 혹은 B

문제 176 채널에 대한 설명으로 틀린 것은?

A. 채널의 중앙은 가치에 대한 합의를 나타내므로 언제나 채널의 중앙에서 매수 혹은 공매도하는 것이 좋다.

B. 채널이 급상승하고 상단 채널선이 상향돌파되면 강한 상승장이므로 이동평균으로 되돌림할 때 매수해야 한다.

C. 채널이 비교적 수평을 이루면 채널의 바닥 부근이 적절한 매수기회이며 채널의 꼭대기 부근이 적절한 매도기회다.

D. 채널이 급락하고 하단 채널선이 돌파되면 하락장이므로 이동평균으로 되돌림할 때 공매도한다.

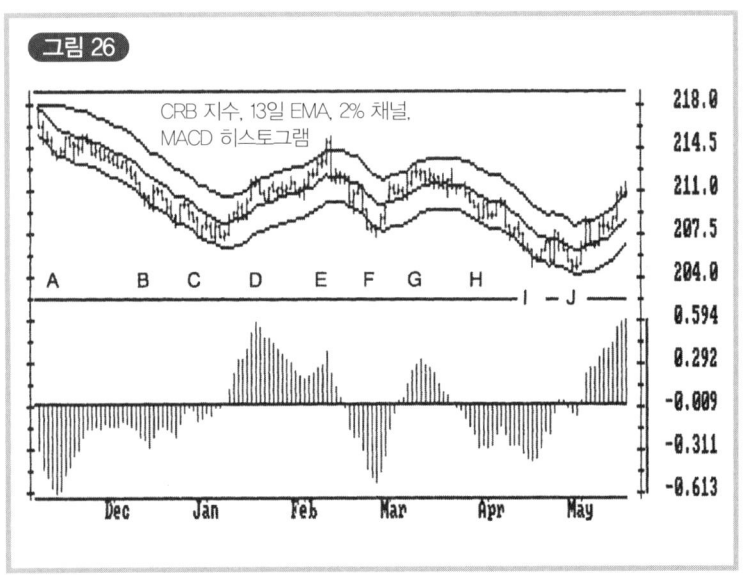

그림 26

CRB 지수, 13일 EMA, 2% 채널.
MACD 히스토그램

A   B   C   D   E F G   H   I — J

218.0
214.5
211.0
207.5
204.0
0.594
0.292
-0.009
-0.311
-0.613

Dec   Jan   Feb   Mar   Apr   May

문제 177   그림 26은 선물 시세 지수 중 하나인 CRB 지수와 MACD 히스토그램 차트다. 그림 26의 알파벳(A∼J)에 해당하는 패턴을 골라라.

1. 추세가 그대로 진행되고 있다. 다이버전스가 보이지 않는다.

2. 하단 채널선에서 강세 다이버전스 발생. 롱 포지션으로 진입하고 가장 최근의 저점 아래에 손실제한주문을 설정하라.

3. 상단 채널선에서 약세 다이버전스 발생. 숏 포지션으로 진입하고 가장 최근의 고점 위에 손실제한주문을 설정하라.

문제 178   그림 26의 오른쪽 끝에서 채널과 MACD 히스토그램이 보내는 신호는?

A. 이동평균에서 매수주문을 내라.

B. 추세가 상승하고 있고 MACD 히스토그램이 추세를 지지하고 있
   다. 즉시 롱 포지션으로 진입하라.

C. 가격이 상단 채널선까지 상승했다. 즉시 숏 포지션으로 진입하라.

D. 당분간 관망하라.

문제 179 볼린저 밴드 구축법은?

A. 이동평균과 나란히

B. 추세선과 나란히

C. 이동평균 기준 표준편차 적용

D. 추세선 기준 표준편차 적용

문제 180 각각의 볼린저 밴드(1~4)에 맞는 내응(A~D)은?

1. 밴드폭이 좁다.

2. 밴드폭이 넓다.

3. 밴드폭이 좁고 가격이 좁은 밴드 위로 상승

4. 밴드폭이 좁고 가격이 좁은 밴드 아래로 하락

   A. 롱 포지션으로 진입

   B. 숏 포지션으로 진입

   C. 옵션 매도

   D. 옵션 매수

PART **10**

위험관리

트레이딩 시스템이 아무리 탁월해도 자금관리가 엉망이면 손실을 보게 된다. 시스템 활용 시 일정 기간 손실을 보는 시점이 찾아오기 마련인데, 이럴 때 확실한 행동 수칙을 모르면 빠져나오려고 우왕좌왕하며 허둥대게 된다. 그 사이 손실이 눈덩이처럼 불어나 계좌는 깡통이 된다.

한편 거듭 고배를 마시다 보면 환멸에 빠져 완벽한 매매기회조차 놓치면서 막대한 수익을 포기하게 된다. 어느 쪽이든 트레이더가 손실을 감당할 수 없는 수준까지 이르게 되는 것은 자금관리 원칙이 없기 때문이다.

트레이더로 살아남고 성공하려면 트레이딩 계좌의 자금관리는 필수다. 프로들은 어느 정도의 위험을 감수할지 아마추어보다 훨씬 심사숙고하며 시황과 자금에 따라 트레이딩 규모를 어떻게 바꿀지 고민한다.

1~3번 문제를 먼저 풀어보라. 두 개 이상 맞추지 못하면 참고 자료를 먼저 읽어보기 바란다. 두 개 이상 맞췄다면 나머지 문제를 풀어보라. 서두르지 말고 천천히 생각하라. 돈이 걸려 있다는 사실을 명심하라.

문제	1차 시도	2차 시도	3차 시도	4차 시도	5차 시도
181					
182					
183					
184					
185					
186					
187					
188					
189					
190					
191					
192					
193					

194					
195					
196					
197					
198					
199					
200					
201					
202					
203					
정답 수					

문제 181 트레이딩에서 수익이 발생하면 환희작약하고 시황이 불리하게 돌아가면 참담한 기분이 되거나 상처받는다. 이런 현상에 대한 바른 설명은?

A. 잘 하고 있다. 자신의 감정에 충실해야 한다.

B. 감정으로 이성이 흐려져 있으므로 올바른 트레이딩 결정을 내릴 수 없다.

C. 기분이 좋으면 포지션 규모를 두 배로 늘리고 기분이 나쁘면 포지션을 청산해야 한다.

D. 장 마감에 수익이 나기만 한다면 기분이야 어떻든지 상관없다.

문제 182 트레이더가 손실이 나는 포지션에서 벗어나지 못하는 이유가 아닌 것은?

A. 포지션에 집착하기 때문에

B. 자신의 판단이 틀렸다는 사실을 인정하기 싫어서

C. 건전한 트레이딩 계획을 따르기 때문에

D. 손실을 받아들이는 것은 곧 희망을 포기하는 것이라 생각되기 때문에

문제 183 400달러의 위험으로 900달러를 벌 수 있는 기회가 있다. 트레이딩을 결행했으나 시장이 불리하게 움직여 350달러의 손실이 발생했다. 이렇게 대처해야 하는가?

A. 손실제한을 진입시점 그대로 유지한다.

B. 즉각 손실을 수용한다.

C. 시가에서 100달러 떨어진 곳에 또 다른 지지 수준을 발견한다. 좀 더 큰 위험을 감수하면서 트레이딩을 유지한다.

D. 손실제한을 없애서 속임수신호에 걸리는 것을 피한다.

문제 184 선물을 매매하는 트레이더가 처한 상황은?

1. 확률적으로 트레이더가 유리한 상황

2. 카지노(도박장)가 유리한 상황

3. 긍정적인 수학적 기대

4. 부정적인 수학적 기대

    A. 1, 3

    B. 2, 4

    C. 1, 2, 3, 4

    D. 정답 없음

문제 185 지표가 상승 전환하자 롱 포지션으로 진입했다. 그런데 2일 뒤 시장이 하락 전환하는 바람에 200달러의 평가손실이 발생했다. 처음 설정한 손실제한은 시장가보다 낮은 300달러였고 다음 지지 수준은 그보다 50달러 아래다. 어떻게 대처해야 하는가?

A. 시장을 주시하면서 손실제한을 그대로 유지한다.

B. 손실을 수용하고 시장에서 빠져나와 관망한다.

C. 포지션을 두 배로 놀린다. 판단이 맞으면 큰돈을 벌 것이고, 판단
이 틀렸다면 추가 진입한 포지션에서는 그나마 손실이 적다고 위
안을 삼는다.

D. 다음 지지 수준으로 추정되는 수준보다 조금 아래로 손실제한을
낮춘다.

문제 186 70퍼센트의 적중률을 보이는 트레이딩 시스템이 매수신
호를 낸다. 또한 매매신호를 드물게 내는 적중률 80퍼센트의 지표
역시 같은 방향의 신호를 내고 있다. 이 트레이딩을 감행할 때 승률
은?

A. 70퍼센트 이하

B. 70~80퍼센트

C. 80퍼센트

D. 80퍼센트 이상

문제 187 쉬는 시간에 트레이더 두 사람이 동전 던지기 내기를 한
다. 앞뒷면 각 20센트가 걸려 있다. 트레이더 A는 1달러를, 트레이더
B는 10달러를 보유하고 있다. 트레이더 A가 내기에 이길 확률은?

A. 약 100퍼센트

B. 약 50피센드

C. 약 0퍼센트

D. 정답 없음

자금관리 목표를 중요한 순서대로 나열하라.

1. 고수익

2. 생존

3. 꾸준한 수익

   A. 1–2–3

   B. 2–3–1

   C. 3–2–1

2만 달러로 트레이딩 계좌를 개설해 검증된 트레이딩 시스템을 활용할 계획이다. 어떤 목표를 세우고 실천해야 하는가?

1. 연수익이 25퍼센트가 되어야 한다.

2. 연손실이 25퍼센트를 넘으면 안 된다.

3. 1회 트레이딩에 25퍼센트 이상의 위험을 감수하면 안 된다.

4. 25퍼센트의 수익을 본 다음에는 트레이딩 규모를 두 배로 늘린다.

   A. 1

   B. 1, 2

   C. 1, 2, 3

   D. 1, 2, 3, 4

문제 190 계좌의 자금이 5,000달러, 25,000달러, 100,000달러일 경우 1회 트레이딩에 감수할 수 있는 최대 위험은?

A. 50, 250, 1,000

B. 100, 500, 2,000

C. 200, 1,000, 4,000

D. 500, 2,000, 5,000

문제 191 계좌의 잔고가 16,000달러인 상태에서 트레이딩 시스템이 아주 구미가 당기는 매매신호를 내고 있다. 기대수익이 엄청나고 청산시점 역시 분명하다. 시장이 불리하게 움직이면 계약당 75달러의 손실이 발생하면서 자동으로 청산된다. 중개인은 증거금 2,000달러와 계약당 20달러의 수수료를 요구하고 있다. 절호의 기회인 듯하다. 매수할 수 있는 트레이딩 계약 수는?

A. 1

B. 3

C. 5

D. 7

문제 192 트레이딩 6개월 만에 계좌 잔고가 20,000달러에서 28,000달러로 불어났다. 그런데 이후 연속해서 손실을 보는 바람에 잔고가 다시 24,000달러로 줄었디. 현재는 트레이딩 규모를 줄여 1

계약만 보유한 상태다. 이런 상황에서 트레이딩 시스템이 계약당 기대수익이 2,000달러, 위험 200달러인 매매신호를 보내고 있다. 단 1회의 트레이딩으로 몇 달 동안의 손실을 상쇄하고 수익을 볼 수 있다! 증거금은 계약당 4,000달러다. 몇 계약을 트레이딩해야 하는가?

A. 1

B. 2

C. 4

D. 6

문제 193 계좌에서 최적의 고정된 부분인 '옵티멀 f'로 트레이딩한다는 것은 매 트레이딩마다 자본의 일부만 위험을 감수하되 트레이딩 시스템의 현재 실적과 계좌 잔고에 따라 매번 위험 비율을 달리한다는 의미다. 옵티멀 f 트레이딩에 대한 설명으로 틀린 것은?

A. 옵티멀 f 규모보다 더 적게 트레이딩하면 수익이 기하급수적으로 감소한다.

B. 옵티멀 f 규모보다 더 적게 트레이딩하면 위험이 기하급수적으로 감소한다.

C. 옵티멀 f 규모보다 더 많이 위험을 감수하면 이로울 게 없다.

D. 옵티멀 f 규모보다 두 배로 트레이딩하면 분명히 파산한다.

문제 194 컴퓨터로 검증된 규칙은?

1. 마진콜을 당하지 말라.

2. 물타기를 하지 말라.

3. 첫 번째 실수했을 때가 가장 대가가 적다.

4. 가볍게 운신하려면 최악의 포지션부터 정리하라.

    A. 1

    B. 1, 2

    C. 1, 2, 3

    D. 1, 2, 3, 4

문제 195 콩시장의 추세가 상승하고 있다. 1계약을 매수한 상태에서 가격이 신고점으로 상승했다. 어떤 것을 살펴야 하는가?

1. 콩 가격이 몇 틱 상승했는가.

2. 콩 가격이 몇 센트 상승했는가.

3. 지금까지 수익이 몇 달러인가.

3. 두 계약을 매수했다면 수익이 몇 달러가 되었을까.

    A. 1

    B. 1, 2

    C. 1, 2, 3

    D. 1, 2, 3, 4

계좌에 25,000달러가 있다. 금 2계약을 매수하고 시장가보다 2달러 떨어진 곳에 손실제한주문을 설정했다(계약당 위험 200달러). 금 가격이 6달러 상승하고 지표 역시 상승했다. 다음 중 대응책으로 올바르지 않은 것은?

A. 손실제한을 그대로 둔다.

B. 손실제한을 손익분기 수준으로 옮긴다.

C. 1계약의 차익을 실현한다.

D. 1계약 더 매수한다.

문제 197 트레이딩 도중 돈을 세고 있다면

1. 즉시 멈춰라. 멈출 수 없으면 포지션을 청산하라.

2. 돈을 세어서 손실제한을 계산하라.

3. 돈을 세어서 수익 목표를 계산하라.

4. 계좌 잔고의 변화를 도표로 만들어라.

    A. 1

    B. 1, 2

    C. 1, 2, 3,

    D. 1, 2, 3, 4

문제 198 포지션 청산 계획 중 적절한 것은?

1. 손실제한주문을 설정해 손실제한을 건드리면 청산한다.

2. 트레이딩에 진입하기 전에 목표 가격을 정하고 목표 가격을 건드리면 청산한다.

3. 진입신호를 낸 지표가 방향을 틀어 반대 방향을 가리킬 때 청산한다.

4. 지금 시장이 너무나 조용하니 시장이 유리하게 움직여 수익이 나기만 하면 청산할 계획이다.

    A. 1

    B. 1, 2

    C. 1, 2, 3

    D. 1, 2, 3, 4

문제 199 손실제한에 관한 설명으로 올바른 것은?

1. 롱 포지션을 취하고 있을 때는 손실제한을 내리지 말라.

2. 숏 포지션을 취하고 있을 때는 손실제한을 내려도 된다.

3. 롱 포지션을 취하고 있을 때는 손실제한을 올려도 된다.

4. 숏 포지션을 취하고 있을 때는 손실제한을 올리지 말라.

    A. 1, 4

    B. 2, 3

    C. 정답 없음

    D. 1, 2, 3, 4

문제 200 손실제한주문은

1. 잘못된 트레이딩의 손실을 제한한다.

2. 마음을 편안하게 해준다.

3. 트레이딩 시스템이 잘못되었을 경우 피해를 줄인다.

4. 손실이 일정액을 넘지 않도록 해준다.

    A. 1

    B. 1, 2

    C. 1, 2, 3

    D. 1, 2, 3, 4

문제 201 다음 중 손익분기 수준으로 손실제한을 옮겨야 할 때는?

A. 종가가 유리하게 형성되었을 때

B. 평가수익이 200달러 이상일 때

C. 파라볼릭 시스템이 손익분기 수준으로 손실제한을 옮기라고 지시할 때

D. 가격이 유리하게 움직여 진입 포인트에서 일일 평균 거래범위 이상 떨어질 때

문제 202 수익방어주문을 수정하는 올바른 방법은?

1. 손실이 계좌 잔고의 2퍼센트를 넘지 않도록 손실제한을 옮긴다.

2. 평가수익의 50퍼센트를 방어한다.

3. 파라볼릭 시스템을 이용한다.

4. 단기 지지 및 저항영역을 이용한다.

   A. 1

   B. 1, 2

   C. 1, 2, 3

   D. 1, 2, 3, 4

문제 203 트레이딩에서 교훈을 얻는 최선의 길은?

1. 트레이딩에 대해 지인들과 의견을 나눈다.

2. 트레이딩에 대한 감정과 생각을 일지로 기록한다.

3. 트레이딩 전후의 차트를 모아둔다.

4. 지난 일은 잊어버리고 계속 트레이딩한다.

   A. 1

   B. 1, 4

   C. 2

   D. 2, 3

STUDY GUIDE FOR TRADING FOR A LIVING

II. 정답과 해설 편

기초 문제

1번 정답 C. 1, 4

　기본적 분석은 경제 여건을 분석하며 기술적 분석은 시장의 행위를 분석한다. 둘 다 매매기회를 포착하는 데 유용하다(2장).

2번 정답 C

　성공 트레이딩을 위한 세 가지 기본은 건전한 심리, 우수한 분석 기법, 신중한 자금관리다. 훌륭한 트레이더는 그 자신이 내부자다(2장).

3번 정답 A

적당한 의심과 회의가 최선이다. 합리적인 발상을 차용하고 스스로의 경험으로 검증하라(2장).

4번 정답 D

체결오차와 수수료 때문에 시장은 대부분의 트레이더에게 처음부터 불리한 경쟁 무대다. 또한 감정적인 트레이딩 때문에 시장에서 퇴출된다. 각종 감시 장치가 구비된 시장에서 사기는 큰 영향을 미치지 못한다(3장).

5번 정답 D

승자가 패자가 잃은 돈보다 적게 가져가면 마이너스섬 게임이다. 수수료와 체결오차라는 요인이 있기 때문에 트레이딩은 마이너스섬 게임이다. 금융서비스를 제공하는 측에서는 이 사실을 넘으려고 한다(3장).

6번 정답 D

수수료가 어느 정도 계좌에 영향을 미치는지 계산하고 증거금과 비교하라. 1년에 8회 이렇게 트레이딩한다고 할 때 손익분기 수준을 유지하려면 20퍼센트의 수익을 올려야 한다. 체결오차는 수수료보다 더 계좌를 갉아먹기도 하며 성공으로 가는 문턱을 높인다. 아마추어들만이 이런 비용을 무시한다(3장).

7번 정답 B

　100온스 계약을 매수해서 온스당 0.20달러 손실, 총 손실이 20달러다. 매도 과정에서 온스당 0.30달러, 즉 계약당 30달러의 손실이 발생했으므로 총 체결오차는 50달러가 된다. 총 손실액은 트레이딩 손실액인 200달러에 체결오차 50달러와 수수료를 더해야 한다(3장).

8번 정답 C

　트레이딩 손실액 200달러, 수수료 25달러, 체결오차 50달러를 더한다. 승자는 200달러를 벌었지만 그중에서 수수료 25달러, 체결오차 50달러를 내놔야 한다. 트레이딩 업계가 벌어들인 총수익은 150달러(75+75)로 자그마치 승자의 수익 200달러의 75퍼센트에 해당한다. 따라서 새로운 패자들이 계속 유입되어야 트레이딩 업계가 유지된다(3장).

자가 진단 ☑

☐ 정답 수 4개 미만: 낙제

용기를 내라. 여러분이 푼 문제는 아무도 묻는 사람이 없는 질문이므로. 금융 업계는 이런 사실들을 숨기려고 한다. 시간을 갖고 추천 도서를 읽어본 다음 다시 문제를 풀어보라.

☐ 정답 수 4~6개: 양호

기본 개념은 이해하고 있다. 틀린 문제를 복습하고 며칠 뒤 다시 풀어보라.

☐ 정답 수 7~8개: 우수

트레이딩에 관한 중요한 개념들을 잘 이해하고 있다. 이어서 심리와 자금관리에 관한 문제를 풀어보라.

● 추천 도서

· 본책 『심리투자 법칙』 프롤로그 참고

PART 01

개인 심리

9번 정답 D

　트레이딩은 불확실한 미래에 투자하는 것이므로 위험이 따르기 마련이다. 그런데 위험을 대하는 자세에서 아마추어들은 흥분, 두려움, 상처 등 감정적인 반응을 보인다. 프로들은 미리 위험을 측정하고 유리한 확률일 때에만 트레이딩한다.

10번 정답 A

　트레이더는 최선을 다해야 하며 자신이 가진 역량을 최대한 발휘해야 한다. 돈에 눈이 멀어서 고가의 물건을 사려고 트레이딩하거나

152

가족들에게 으스댈 목적으로 트레이딩한다면 최선을 다한다는 최종 목표가 눈에 들어오지 않는다. 훌륭한 외과의사는 수술실에서 돈을 세지 않는다. 마찬가지로 영리한 트레이더는 트레이딩 도중에 돈을 세지 않는다.

11번 정답 C

과거의 잘못이나 실수를 다시 들춰내는 걸 좋아할 사람은 없다. 그러나 실수를 통해 배워야 하며 손실이 발생한 원인을 알아야 한다. 속이 쓰리지만 반드시 해야 하는 일이다. 새로운 지도자를 찾아 나서거나 혹은 혼자서 트레이딩을 통해 수렁에서 빠져나오려고 허우적댈수록 파산은 불 보듯 뻔해진다. 먼저 수렁에 빠진 원인부터 규명해야 한다(5장).

12번 정답 A

자본금 규모가 크면 분산 투자를 할 수 있고 계약을 여러 개 운용할 수 있으며 부대비용이 차지하는 비율이 적다. 아마추어들은 계좌에 돈이 있다는 이유만으로 쉽게 돈을 날려버린다.

13번 정답 D. 3, 4

시중에서 판매되는 트레이딩 시스템은 과거의 데이터를 바탕으로 한 것이므로 시간이 지니면 자연히 폐물이 된다. 스스로 시스템을 개발하는 영리한 트레이더라면 시대 상황에 맞게 시스템을 조정할 수 있지만 시스템을 구입한 트레이더는 시스템과 함께 몰락한다. 최적화 기능이 내장된 시스템이라도 시간이 지나면 무용지물이 되기는 마찬가지다. 미래에는 어떤 종류의 최적화 기능이 필요할지 알 수 없기 때문이다. 시스템에서 발효되는 매매신호로 트레이딩할 때도 혼자 트레이딩할 때와 마찬가지로 감정의 기복을 겪게 되므로 시스템을 이용해 트레이딩하더라도 자제력은 반드시 필요하다. 성숙한 판단을 대신할 수 있는 건 없다(5장).

14번 정답 D

D가 맞다. 하지만 시장은 시기별로 서로 다른 환경에 반응해 움직인다. 어떤 분석 기법도 한 번은 적중할 수 있지만 환경이 바뀌면 더 이상 적중하지 않는다. 분석 기법이나 매매 기법을 조정하려면 융통성과 판단력을 발휘해야 한다. 하지만 성공에 도취된 지도자들은 이렇게 하지 못한다(6장).

15번 정답 D

성공 트레이딩으로 가기 위해 반드시 통달해야 하는 것은 기술적 분석보다 자금관리 부분이다. 그래야만 원칙에 따라 계좌 잔고가 바닥나기 전에 손실을 끊을 수 있다. 이것을 수용할 수 있으면 분석 기법이나 매매 기법의 적중률이 높아질 것이다(6장).

16번 정답 B. 2, 4

트레이더는 스스로 생각할 수 있어야 한다. 지도자에게 기대면 단기적으로 수익을 얻을 수 있겠지만 장기적으로는 심리적 의존과 손실을 피할 수 없다(6장).

17번 정답 D

도박은 어느 사회에나 존재하며, 원할 때 그만둘 수 있다면 무해한 오락거리다. 냉정한 프로에게 도박은 경력이 될 수 있다. 하지만 도박이 주는 짜릿함에 중독된 사람들은 판단이 흐려져 돈을 잃다가 결국 엄청난 손실을 본다. 도박 중독자들은 한 방에 일확천금을 거머쥘 수 있다고 믿는다. 도박 중독자들은 돈을 벌어도 도박을 멈출 수 없으므로 다시 시장에 돈을 뺏기는 것이다(7장).

18번 정답 C. 1, 2, 3

도박 중독의 핵심 증상은 도박을 멈추고 도박판에서 물러나 자신의 행동을 뒤돌아볼 수 없다는 것이다. 시장에서 도박을 하는 트레이더는 대체로 실적이 형편없다. 걸핏하면 추세와 반대 포지션을 취하고 트레이딩 결과에 일희일비한다. 연속해서 손실을 보고 있다면 트레이딩을 멈추고 기법을 재평가하라. 신중한 트레이더는 트레이딩을 멈추고 손실에서 교훈을 얻지만 도박꾼들은 충동을 이기지 못하고 트레이딩을 계속 한다.

19번 정답 A

과거 실적이 제아무리 화려한들 지금 내 계좌를 바닥내고 있는 시스템이라면 무슨 소용이 있을까? 무엇이 잘못되었는지 알아내려면 일지를 기록하고 진입과 청산 이유를 연구하라. 트레이딩할 때 감정 변화를 살피고 자포자기의 기미가 보이지 않는지 예의주시하라. 그리고 익힌 지식을 활용해 새로운 트레이딩 시스템을 개발하라(7장).

20번 정답 C

인생이 엉망으로 꼬여 있다면 트레이딩도 탈출구가 될 수 없다. 성공 트레이딩으로 가려면 절제된 생활이 반드시 뒷받침되어야 한다. 트레이딩과 일상생활에서 공통적으로 나타나는 문제점이 무엇인지 들여다보라. 아마 심각한 문제가 있을 것이다. 이러한 문제를 직시하고 스스로 바뀌어야 트레이딩에 성공할 수 있다(7장).

21번 정답 D. 1, 4

감정은 진입, 청산, 자금관리 등 트레이딩의 모든 영역에 영향을 미친다. 탐욕이나 공포에 휘둘리면 어떤 트레이딩 시스템도 무용지물이다. 다른 트레이더보다 지능이 높지 않아도 된다. 필요한 것은 자제력이다. 트레이딩에 도취되면 트레이딩이 도박이 되기 때문에 불리한 확률에도 마구 베팅해서 돈을 잃는다(8장).

C. 1, 3

이전보다 전체 계좌에서 위험이 차지하는 비율을 높이지 않는 한 트레이딩 규모를 늘려나가도 무방하다. 트레이딩을 잠시 멈추고 휴가를 떠나는 것도 좋은 생각이다. 휴가를 즐기며 성공 요인을 곱씹어보라. 반면 손실제한을 제대로 설정하지 않고 연구를 게을리하는 것은 전형적인 패자의 행동이다(8장).

23번 정답 B

'한 번에 하루씩'이라는 자동차 스티커를 보면 차 주인이 AA(알코올 중독자들의 모임) 회원일 가능성이 높다. AA는 한 번에 하루씩 술을 끊는 현실적인 목표에 주력하는데 이것이 트레이더에게는 훌륭한 교훈이 된다. 왜 술을 마시는지를 이해하는 것도 중요하지만 술을 끊고 맨정신으로 돌아가는 게 먼저다(9장).

24번 정답 D

알코올 중독자는 인생을 통제하지 못한다. 알코올 중독자는 자신이 제어할 수 없는 것을 제어하려고 하며 알코올에 인생이 좌지우지된다. 이런 단계가 부인, 즉 문제를 받아들이지 못하는 상태다(9장).

25번 정답 D

알코올 중독의 두 가지 핵심 증상은 음주를 제어할 수 없어 생활을 망치게 되는 것이다. 주중에는 음주를 억제할 수 있다고 해서 문제가 안 되는 건 아니다. 알코올 중독자들은 이런 핑계로 스스로를 속인다.

26번 정답 A

알코올 중독자는 평생 술을 입에 대지 말아야 한다. 알코올 중독자는 알코올 앞에 무력하므로 하루하루 필사적으로 술을 끊어야 한다. 이 사실을 빨리 깨달을수록 빨리 벗어날 수 있다.

27번 정답 D

패자들은 트레이딩을 멈출 수 없으므로 심사숙고할 시간을 갖지 못한다. 패자는 게임이 주는 짜릿함과 대박을 향한 기대를 버리지 못한다. 주정뱅이가 마신 술잔을 세지 않듯이 매매일지도 제대로 기록하지 않는다. 주정뱅이가 주종을 바꿔가며 술을 마시듯 패자도 트레이딩 시스템과 기법을 걸핏하면 바꾼다.

28번 정답 C

패자는 트레이딩이 주는 흥분에 도취되어 계속 대박을 기대한다. 패자는 언제나 손실을 남의 탓으로 돌린다. 책임 회피는 저급한 아마추어의 전형적 작태다.

D

과거, 현재, 미래의 손실에 대한 책임을 인정하면 시야를 가리던 뿌연 안개가 걷히고 현실에 뿌리를 둔 새로운 차원으로 발을 들여놓게 된다. 훌륭한 트레이딩 시스템, 새로운 매매 기법, 강세장도 도움이 되지만 무엇보다 책임을 지는 태도가 선행되어야 한다(10장).

B, 2, 3

실패하기 쉽다는 것을 인정하는 용기가 있어야 손실을 빨리 정리하고 과도한 트레이딩을 피할 수 있다. 자제력으로 두려움에서 벗어날 수는 있지만 수수료나 체결오차를 줄일 순 없다. 수수료나 체결오차를 줄이려면 중개인을 신중하게 선택해야 한다(10장).

C

침착함과 이성적인 태도는 성공 트레이딩의 초석이다. 넉넉한 자본, 정보가 많은 친구들, 다른 분야의 성공적인 경력도 바람직하지만 무엇보다도 냉정하고 확고한 이성이 중요하다. 감정적인 트레이딩은 성공의 적이다. 트레이딩으로 황홀경에 빠지거나 겁에 질리면 감정이 이성을 가리게 된다. 감정에 사로잡힌 상태라면 트레이딩을 멈추어야 한다.

D. 1, 2, 3, 4

트레이딩은 오락적인 가치도 크다. 물론 대부분은 돈을 벌려고 트레이딩에 임한다. 하지만 돈을 잃는 것도 무시 못할 짜릿함을 선사한다. 어떤 이들은 트레이딩을 두뇌 게임으로 즐기기도 한다. 트레이더의 90퍼센트가 손실을 보고 있으므로 금전적 보상 이외의 보상 부분도 많은 비중을 차지한다 하겠다(11장).

33번 정답 A

감정에 휘둘려 충동적으로 트레이딩하면서 시장을 드나든다면 이성이 흐려진 상태에서 트레이딩하는 것이다. 트레이딩이 감정에 좌지우지된다면 시장이 변덕을 부리는 것처럼 보일 수도 있을 것이다. 양질의 정보 부족, 넉넉하지 못한 자본, 시장의 무작위성도 트레이더에게 혼란을 주지만 감정적인 트레이딩보다는 비교적 사소한 요인이다.

34번 정답 D

계좌에서 수익을 현찰로 바꿔 챙기는 부류는 두려움에 사로잡힌 트레이더들이다. 승자는 트레이딩 시스템과 자금관리 계획을 갖고 있다. 승자는 부자가 되려고 서두르지 않으며 승리나 패배 뒤에는 시간을 갖고 생각한다. 승자는 트레이딩을 사업으로 여긴다. 잘 굴러가고 있는 사업체에서 수익금을 대량 인출해가는 사업가는 없을 것이다.

트레이딩은 트레이더가 진입을 결심해야 시작되고 트레이더가 청산을 결심해야 끝난다. 이런 결정은 트레이더 본인이 내려야 한다. 이 결정을 다른 사람에게 맡기면 패자가 된다. 기술적 지표를 활용할 수도, 기본적 분석에 의존할 수도 있고 믿을 만한 자문가의 조언을 들을 수도 있지만 트레이딩의 시작과 끝은 트레이더만이 결정할 수 있다.

자가 진단 ✓

☐ **정답 수 6개 이하: 낙제**

적신호가 켜졌다. 이해의 수준이 너무 낮아 위험에 빠질 것이다. 성공하려면 트레이딩 심리에 대해 더 학습해야 한다. 일상생활에서는 심리전을 이용한 꼼수로 빠져나갈 수 있을지 몰라도 시장에서 꼼수는 파멸을 의미한다. 교육제도는 의존성을 키우고 지도자를 따르도록 가르친다. 독립적이고 창조적이며 현실적인 트레이더만이 성공할 수 있다. 추천 도서를 읽고 다시 문제를 푼 다음 2부로 넘어가라.

☐ **정답 수 7~15개: 평균 이하**

절반이 넘는 트레이더들이 돈을 잃고 시장에서 퇴출되므로 절반 정도 맞추는 것으로는 부족하다. 트레이딩의 개인 심리에 대해 더 배워야 한다. 현실과 환상, 자멸, 승자와 패자의 사고 차이를 연구하라. 관련 자료를 더 읽어보고 다시 문제를 풀어보라.

☐ **정답 수 16~22개: 양호**

트레이딩 심리의 기본 개념을 알고 있지만 부족한 부분이 있다. 추천 도서를 읽고 며칠 뒤 다시 문제를 풀어보라. 훌륭한 트레이더는 쉬지 않고 시장을 분석하며 시장에 대한 대응을 연구한다.

☐ 정답 수 22개 이상: 우수

개인 심리에 관한 각종 주제를 확실히 익혔다. 틀린 문제만 다시 복습해보라. 성공한 트레이더는 독립적으로 사고하고 행동한다. 단순히 실수로 틀렸는지, 아니면 자신의 독특한 사고방식 때문에 다른 해답을 고른 건지 검토해보라.

● 추천 도서

· 본책『심리투자 법칙』프롤로ㄱ 참고

● 추가 자료

· 마크 더글러스Douglas Mark, 『훈련된 트레이더The Disciplined Trader』

· 에드윈 르페브르Lefevre Edwin, 『어느 주식투자자의 회상Reminiscences of a Stock Operator』

PART 02

집단 심리

36번 정답 D

　가격이란 어느 순간 트레이더 집단이 정하는 값이며, 시장 참여자
가 어떤 시각으로 현실을 바라보고 있는지를 반영한다. 가격은 매수
와 매도 결정을 하는 군중에 의해 결정된다. 시장 군중이 이리저리
몰려다니면 '수요-공급 곡선' 역시 이리저리 밀려다닌다. 장기적으로
는 펀더멘털과 연계되어 있지만 매일의 군중심리에 의해 결정된다.

37번 정답 D

　황소들은 낮은 가격에 매수하려고 하고 곰들은 높은 가격에 공매도하려고 한다. 그리고 양 진영 모두 관망하던 트레이더가 끼어들어 '물건'을 가로채기 전에 서둘러야 한다는 사실을 알고 있다. 기술적 분석의 목표는 황소와 곰의 세력 균형을 식별해 승자 진영에 베팅하는 것이다. 아마추어들은 미래를 예측하려고 하지만 프로들은 시장을 지배하는 집단에 발맞추어 트레이딩한다(12장).

38번 정답 B

트레이딩 세계는 서로가 서로의 돈을 갈취하려는 전쟁터다. 군중들을 일종의 전자신호라고 생각한다면 시장의 현실을 제대로 볼 수 없다. 시장에 모인 군중은 탐욕과 공포의 물결에 휩쓸려 다니며 이성적인 판단력을 잃는다. 이 이전투구의 싸움판에서 '공짜 점심'은 없다(13장).

39번 정답 A

'미심쩍으면 한 발 물러서라.' 이는 트레이딩계의 오래된 황금률이다. 트레이더 대부분은 게임을 멈출 수가 없다. 신문, 소식지를 읽고 TV를 보고 루머를 듣고는 시장에 뛰어든다. 어떻게 해야 할지 모르겠다면 큰돈이든 작은 돈이든 투자할 이유가 없다(13장).

40번 정답 C

수익은 모두 다른 트레이더의 돈이다. 내가 나른 사람의 주머니들

훔치기 전에 다른 사람도 내 주머니를 털려고 하므로 주머니를 잘 지켜야 한다. 중개인과 거래소는 내가 승, 패, 무승부 어느 쪽에 있든 내 돈을 뜯어간다(13장).

41번 정답 D. 1, 2, 3, 4

내부 정보가 성공을 보장하지는 않는다. 이를 보유하고 있다 해도 어떻게 대응하느냐가 관건이기 때문이다. 그래서 '내부 정보'로 손실을 보는 경우가 많다. 단, 선물시장의 내부자 거래는 합법인데 아마 추어는 이런 사실을 모르는 경우가 많다(13장).

42번 정답 C

기관에서 일하는 트레이더들은 대규모 자본과 규율, 내부 정보, 훌륭한 연구원을 보유하고 있다. 개인 투자자에게도 큰 강점이 있는데 바로 유연성이다. 개인 투자자는 기관 투자자와 달리 매일 트레이딩하지 않아도 되므로 최상의 기회를 기다릴 수 있다. 그런데도 개인 투자자 대부분이 최고의 승률로 트레이딩할 기회를 기다리지 못해 이러한 장점을 스스로 날려버린다(14장).

43번 정답 D. 1, 2, 3, 4

개인 트레이더의 평균 이력을 보면 50세, 대학을 졸업한 남성이다. 개인 트레이더 중 가장 큰 비중을 차지하는 직업군은 농부와 엔

지니어다. 이들은 게임을 즐기지만 계속 손실을 본다. 기관 투자자와 달리 손실을 규제할 강제 규정이 없기 때문이다(14장).

44번 정답 A. 1, 2

일부 소식지는 기발한 트레이딩 기법을 알려주기도 하며 읽기에도 재미있다. 소식지 필진들은 주로 이론가들이며 트레이딩 전문가는 극소수다. 이들은 대개 엄청난 인기를 누리다가 추락하기도 하며 부침을 겪는다. 스스로 분석하고 트레이딩하다 보면 소식지 필진보다 트레이딩에 대한 지식을 훨씬 더 많이 축적할 수 있다.

45번 정답 B. 1, 3

인간은 집단 속에 합류하면 감정적이고 근시안적이 된다. 무리의 충동적 행위 때문에 금융시장은 변동성으로 출렁인다. 군중은 자신보다 지도자를 더 신뢰한다. 이처럼 심리적으로 의존하고 있기 때문에 막대한 손실로 타격을 입기 전까지는 무리를 떠나려 하지 않거나 떠날 수가 없다.

46번 정답 D. 1, 2, 3, 4

상황이 불확실할수록 사람들은 타인을 바라보며 확신을 얻으려고 한다. 이는 인간 내면 깊숙이 존재하는 본성이다. 지도자에 대한 충성심이 집단을 끈끈하게 하나로 뭉치게끔 만든다. 시도자는 개인이나 사상일 수도 있으며 금융시장의 경우 가격이 지도자 역할을 하기도 한다.

47번 정답 A. 1

집단은 개인보다 크고 강하다. 그러므로 시장에 맞서 싸우면 안된다. 시장 군중의 행동은 원초적이며 반복된다. 따라서 단순한 전략을 활용해 이러한 집단의 행동을 십분 이용할 수 있다. 군중은 시장이 추세를 보이는 동안에는 바른 길을 가지만 전환기에는 길을 잘못 들어선다. 시장 때문에 일희일비하면 독립성을 잃고 만다. 프로들은 언제나 침착하다(15장).

48번 정답 C

시장에 모인 눈들은 가격에서 떨어질 줄 모른다. 상승이 오래 지속될수록 점점 더 많은 황소들이 유입되고 하락이 오래 지속될수록 점점 더 많은 곰들이 파티를 즐기기 위해 몰려온다. 이렇게 시장은 끊임없이 움직임을 반복한다. 거대한 시장을 며칠, 아니 단 몇 시간이라도 지배할 수 있을 정도로 '큰손'인 증권사는 없다. 시장과 지도자의 관계는 마치 개와 꼬리의 관계와 같다. 개는 잠시 자기 꼬리를 물려고 뱅뱅 돌기는 하지만 얼마 지나지 않아 그만 둔다. 경제의 펀더멘털이 변하면 약세장 혹은 강세장의 여건이 조성된다. 그러나 매수하거나 매도함으로써 추세를 만드는 것은 트레이더들이다.

49번 정답 B. 2, 3

가격의 변화는 황소와 곰의 전투 양상을 반영한다. 황소들이 곰보다 자신감을 얻으면 시장은 상승한다. 매수자들이 확신을 갖고 매도자들은 불리하게 돌아가는 게임에 참여하는 대가로 프리미엄을 요구한다. 모든 거래 뒤에는 한 명의 매수자와 한 명의 매도자가 존재한다. 주식이나 선물의 매수, 매도 수는 원칙적으로 동일하다(16장).

50번 정답 D. 1, 2, 3, 4

추세가 하락하면 수익을 보는 공매도 포지션 보유자들은 포지션을 축적하려고 한다. 이들은 하락추세가 계속되어 수익을 얻으리라 확신하므로 가격이 낮아져도 공매도한다. 한편 손실을 보는 황소들은 넌더리를 내며 시장에서 빠져나온다. 대기 매수자들은 매수를 서두를 필요가 없으므로 시장가보다 낮은 가격에 매수주문을 낸다. 따라서 곰들은 점점 더 낮은 가격에 공매도할 수밖에 없다. 상승추세는 이와 반대로 진행된다.

51번 정답 B. 2, 3

가격 쇼크란 추세를 거스르는 갑작스러운 움직임이다. 가격 쇼크가 발생하면 시장을 장악한 집단은 두려움에 빠지고 반대 진영은 힘을 얻는다. 상승추세 도중 갑자기 가격이 급락하면 황소들이 충격에 빠진다. 황소들이 가격을 신고점으로 끌어올리는 데 성공한다고 해도 이들의 확신은 흔들리며 상승추세는 반전된다(16장).

52번 정답 C

가격은 신고점에 도달하지만 지표가 고점을 낮추면 약세 다이버 전스가 발생한다. 가격이 신저점으로 떨어지지만 지표가 저점을 높 이면 강세 다이버전스가 발생한다. 상승추세 도중에 약세 다이버전 스가 발생하면 시장이 천정에 도달했다는 신호다. 하락추세 도중에 강세 다이버전스가 발생하면 시장이 바닥을 찍었다는 신호다. 기술 적 지표에서 이 다이버전스는 가장 유용한 패턴이다(16장).

53번 정답 1-B; 2-C; 3-A; 4-D

기본적 분석은 경제 요인을 연구하고 기술적 분석은 가격 변화를 연구한다. 이 둘을 조합하기도 한다. 유명한 애널리스트를 보면서 마치 자신이 내부자가 된 듯한 착각에 빠지지만 이 역시 육감으로 하는 도박에 지나지 않는다(17장).

54번 정답 C. 1, 2, 3

기술적 분석은 과거의 가격을 연구한다. 객관적이고 과학적인 기 법을 활용하지만 예술적 창의력이 요구되며 여러 요소들이 뒤엉켜 있는 시장 이면의 큰 그림을 볼 수 있어야 한다. 기술적 분석을 하다 보면 종종 보고 싶은 것만 보게 된다. 기술적 분석이 간단하다고 말하는 사람이 있다면 그 사람에게는 지갑을 열지 말라(17장).

55번 정답 B. 1, 4

애널리스트는 언제나 침착해야 하며 시장의 현실을 주시하고 현재의 추세를 식별해 추세에 발맞추어야 한다. 트레이더가 미래를 예측하려고 하면 자신의 예측에 집착하게 된다. 따라서 시장이 예측을 따르지 않을 때 자신의 포지션을 바꾸기가 힘들어 손실을 보게 된다(17장).

자가 진단 ✔️

□ 정답 수 6개 미만: 낙제

시장의 군중에 대한 지식이 턱없이 부족하다. 시장의 군중이 어떻게 행동하며 나의 심리에 어떤 영향을 미치는지 모른다면 파도에 밀려다니는 유목과 같다. 추천 도서를 읽고 며칠 뒤 다시 문제를 풀어본 후 다음 장으로 넘어가라.

□ 정답 수 6~10개: 평균 이하

시장에 대한 이해가 부족하다. 황소와 곰 진영의 심리적 세력 균형, 집단이 미치는 영향, 트레이딩 운용과 가격 예측의 차이에 대해 더 공부해야 한다. 관련 도서를 읽고 다시 문제를 풀어보라.

□ 정답 수 11~15개: 양호

집단 심리의 기본 개념을 잘 이해하고 있지만 좀더 분발해야 한다. 집단 심리에 대해 지금 당장 알고 있어야 하며 시장이 포지션에 타격을 줄 때는 이미 늦다. 참고 도서를 읽고 며칠 뒤 문제를 다시 풀어보라. 트레이딩할 때는 군중이 나에게 어떤 영향을 미치는지 늘 경계하라.

☐ 정답 수 15개 이상: 우수

집단 심리의 기본 개념을 숙지하고 있다. 최근의 트레이딩을 이 원칙에 다시 비추어보고 시장 군중이 미치는 영향을 계속 주시하라. 기술적 분석은 응용 사회심리학이라는 사실을 명심하고 시장 분석에 관한 장으로 넘어가라.

● 추천 도서

· 본책『심리투자 법칙』제2부 집단 심리 참고

● 추가 자료

· 귀스타브 르 봉LeBon Gustave,『군중The Crowd』

· 찰스 맥게이Mackay Charles,『군중의 미망과 광기Extraordinary Popular Delusions and the Madness of Crowds』

PART 03

전통적인 차트 분석법

56번 정답 1–D; 2–C; 3–A; 4–B

아마추어는 대체로 밤에 정보를 수집해 아침에 트레이딩한다. 프로들은 하루 동안의 상황 변화에 대응해 장 마감 시간에 시장을 지배한다. 황소들은 가격을 끌어올리며 하루의 고가는 황소들이 가진 역량의 최대치를 가리킨다. 곰들은 가격을 끌어내리며 하루의 저가는 곰들이 가진 역량의 최대치를 가리킨다. 주간 차트와 일중 차트에도 동일한 원리가 적용된다.

D. 1, 2, 3, 4

애널리스트는 희망적인 관측을 쏟아놓는다. 특히 트레이딩을 직접 하지 않는 애널리스트들이 트레이더에게 자문서비스를 팔아먹으려면 어느 정도 거만을 떨어야 한다. 하지만 기본적인 개념을 제대로 이해하지 못한 트레이더에게는 혼란만 가중될 뿐이다(18장).

58번 정답 C

변동성이 적으면 거래범위가 좁으며 체결오차도 적다. 거래범위가 좁으면 손실제한을 타이트하게 설정할 수 있어 위험을 줄일 수 있다. 수수료는 변동성과 상관없다(18장).

59번 정답 B

1월과 3월의 비닥을 이은 수평선 B가 지지영역이다. 수평선 C는 저항선 역할을 하다가 가격이 상승하면서 지지선으로 변한다. 지지와 저항은 수시로 역할을 바꾼다. 상승추세 중에 가격이 하락하면 저항영역이 지지영역이 되고 하락추세 중에 가격이 상승하면 지지영역이 저항영역이 된다. 진단선 A는 상승추세선, 진단선 D는 하락추세선이다(19장).

지지선과 저항선은 고점 혹은 저점을 이어서 그린다. 밀집구간의 가장자리는 수많은 트레이더들이 거래하고 포지션을 바꾼 영역이다. 극단적인 가격은 자금력이 가장 약한 황소와 곰들이 패닉에 빠져 물량을 턴 수준일 뿐이다(19장).

트레이더들의 '기억' 때문에 지지와 저항이 존재한다. 기억이 강렬할수록 가격이 지지영역이나 저항영역에 도달하면 더 많이 매수하고 매도하며 각 영역의 지지와 저항의 힘은 더욱 견고해진다. 지지영역이나 저항영역의 높이가 높을수록 트레이더들의 재정적, 감정적 몰입도가 높다는 뜻이며 거래량이 많다는 것 역시 트레이더들이 재정과 감정을 많이 투입하고 있다는 증거다. 또한 가격이 밀집구간에서 오래 머물수록, 가격이 밀집구간을 여러 번 건드릴수록 트레이더들은 반전을 기대하고 거기에 맞게 대응한다(19장).

신저점으로 하락할 때까지 기다리면 하향돌파를 적절히 이용할 수 있다. 아마추어들은 가짜 돌파에 속아서 빈털터리가 되지만 프로들은 가짜 돌파를 유효적절하게 활용한다. 프로들은 하향돌파가 신저점을 기록하지 못할 때까지 기다렸다가 가장 최근의 저점에 손실제한주문을 설정해 역매매한다(19장).

63번 정답 C

2번 지점에서 난방유는 저항영역까지 상승한다. 강세를 어느 정도로 예측하느냐, 얼마나 신중하게 접근하느냐에 따라 손실제한을 줄이는 게 득이 될 수도 있고 차익을 실현하거나 손실제한을 그대로 놔두는 게 득이 될 수도 있다. 가격이 저항영역을 건드릴 때 롱 포지션을 추가하는 것은 피해야 한다. 저항영역을 돌파한 뒤 매수하는 편이 안전하다. 4월에 두 차례 되돌림은 매수 적기였다(19장).

64번 정답 1–D; 2–C; 3–A; 4–B

하락추세에서는 반등하는 고점들을 연결해 하락추세선을 그리고, 상승추세에서는 반락하는 지점을 연결해 상승추세선을 그린다. 지지선 C와 저항선 B 사이의 영역이 거래범위다(20장).

65번 정답 추세: A, D, E. 박스권: B, C, F

상당 기간 고점을 계속 높이면서 상승하거나 저점을 계속 낮추면서 하락할 때 추세가 존재한다. 박스권이란 상승할 때 고점이 거의 비슷한 수준에서 머물고 하락할 때 저점이 거의 비슷한 수준에서 머무는 상태를 말한다. 트레이더는 추세를 식별하면 추세를 따르고 포지션을 유지해야 한다. 반면 박스권의 등락에서 트레이딩하려면 포지션을 너무 길게 끌고 가지 않도록 유의해야 한다(20장).

66번 정답 1-D; 2-C; 3-B; 4-A

일일 거래범위가 좁을 때는 가격이 상승추세선 가까이 갈 때 매수하라. 매수하자마자 추세선 바로 아래에 손실제한주문을 설정한다. 가격이 상승하면 손실제한을 올려 수익을 방어하라. 일일 거래범위가 넓고 종가가 저점 근처에서 형성되면 곰 진영의 세력이 강력하므로 상승추세선이 붕괴될 가능성이 높다(20장).

67번 정답 C. 1, 2, 3

추세는 트레이더의 벗이다. 추세를 벗 삼아라. 고점을 높이는 패턴이나 저점을 높이는 패턴이라면 롱 포지션 관점에서 트레이딩하라. 손실제한주문을 설정하고 추세가 진행되면 손실제한을 올려 포지션을 방어하라. 포지션을 추가할 때는 이전 트레이딩의 평가이익을 방어했을 경우에만 그렇게 하라. 시장이 전저점을 이탈하면 상승추세를 의심하라(20장).

68번 정답 B

밀집구간의 가장자리는 수많은 트레이더들이 포지션을 반대로 취한 지점이다. 하락추세의 바닥은 곰들이 활동을 멈추고 황소들이 시장을 다시 장악한 영역이다. 극단적인 저점들은 자본력이 가장 약한 황소들이 공황에 빠져 투매한 지점일 뿐이다. 추세선이 어디까지 지속될 것인가, 혹은 가격이 추세선을 몇 번이나 건드릴 것인가는 시간이 지나봐야 분명해진다. 그전에 최대한 빨리 추세선을 그려야 한다(21장).

69번 정답　A

꼬리는 시장 참여자 대다수가 트레이딩을 거부한 가격 수준이다. 시장은 등락을 반복하므로 꼬리와 반대 방향으로 매매하는 편이 유리하다. 이 차트에서도 몇 군데 꼬리가 생긴 뒤에 반전이 일어난다. 시장이 '꼬리를 잡아먹기' 시작하면서 되돌림할 때가 포지션을 바꿀 시기다(21장).

70번 정답　C, 3, 4, 1, ?

추세선에서 가장 중요한 것은 기울기의 방향이다. 추세선이 상승하면 황소들이 시장을 주도하고 있으므로 롱 포지션 관점에서 매매해야 한다. 추세선이 하락하면 곰들이 시장을 주도하고 있으므로 숏 포지션 관점에서 매매해야 한다. 추세선이 오래 지속될수록 시장 주도세력의 관성이 크다. 가격이 추세선을 건드리는 횟수가 많을수록 추세선의 신뢰도와 유효도는 높아지며 가격이 추세선에서 멀어질 때 거래량이 증가하는 경우도 마찬가지다.

　가격이 상승추세선을 이탈해 하락한 다음 다시 추세선으로 치고 올라오면 절호의 공매도기회다. 추세선 바로 위에 손실제한을 설정하라. 추세선이 붕괴되었다고 반드시 상승추세가 끝난 것은 아니다. 추세선에서 어느 정도 이탈했는가, 긴 시간단위 차트의 패턴과 기술적 지표의 신호를 함께 살펴야 한다. 가격이 수직으로 널뛰기할 때는 손실제한을 아주 좁혀야 한다. 가격이 수직 상승하고 난 다음에는 수직 하락할 수도 있기 때문이다(21장).

　일반 갭은 밀집구간의 한가운데서 발생한다. 지속 갭은 추세가 한창 진행될 때 발생한다. 돌파 갭은 가격이 밀집구간을 돌파할 때 일어난다. 상승 갭 이후 가격이 신고점 도달에 실패하거나 하락 갭 이후 가격이 신저점 도달에 실패하면 소멸 갭일 확률이 높다. 소멸 갭으로 시작해 거래범위가 좁아졌다가 앞선 추세의 방향과 반대 방향으로 돌파 갭이 발생하면 섬꼴형 반전패턴이다(22장).

　가격이 전일 거래범위 밖에서 형성되어 장 마감까지 유지되면 갭이 발생한다. 트레이더 다수가 호재 혹은 악재에 충격을 받으면 갭이 발생하며, 장 마감 이후에 일어난 해외 시장의 가격 변동에 반응해 갭이 발생하기도 한다. 장내 트레이더들은 개장에 앞서 매수주문과 매도주문의 불균형이 심하면 개장 시점에 가격을 급격히 끌어올리거나 끌어내린다(22장).

74번 정답 1–B; 2–A; 3–A; 4–C

일반 갭은 매매신호로 기능하지 못하므로 무시하는 게 상책이다. 매매를 해야 한다면 반대 방향으로 매매하라. 상향 지속 갭이 나타나면 롱 포지션으로 진입하고 상향 소멸 갭이 나타나면 숏 포지션으로 진입하라. 고점에서는 변동성이 높아지므로 풋옵션을 매수하는 편이 안전하다. 갭이 발생할 때 되돌림을 기다리는 건 바람직하지 못한 전략이다(22장).

75번 정답 1–C; 2–D; 3–B; 4–A

상승으로 봉우리가 생기면 왼쪽 어깨와 오른쪽 어깨가 형성된다. 왼쪽 어깨와 오른쪽 어깨 사이에는 좀더 높은 봉우리인 머리가 형성된다. 왼쪽 어깨와 오른쪽 어깨에서 하락하는 바닥을 이어 목선을 그린다. 목선의 기울기가 하락하면 약세장이다(23장).

76번 정답 C. 1, 2, 3

오른쪽 어깨가 형성될 때 공매도했다면 머리의 꼭대기 조금 위에 손실제한주문을 설정한다. SAR주문을 내서 숏이 환매된 다음 머리어깨 패턴이 무산되면 롱 포지션에 자동 진입하도록 한다. 목선이 붕괴되었다가 아래에서 다시 되돌림하면 절호의 공매도기회다. 목선 바로 위에 손실제한을 좁게 설정하라. 하락추세에서 숏 포지션으로 진입했다면 주가가 단기 지지선 근처에 이르더라도 환매하지 말고 포지션을 유지하라. 손실을 보면 기가 꺾인 나머지 시장이 유리하게 돌아가 조금만 수익이 나도 바로 차익을 실현해버리는 트레이더들이 많은데 그렇게 해서는 돈을 벌 수 없다(23장).

77번 정답 B

머리 꼭대기는 13.50, 목선은 약 12.00이므로 둘 사이의 거리는 약 1.50이다. 목선이 붕괴된 지점인 11.80에서 이 거리만큼 내리면 11.80 - 1.50 = 10.30. 코코아 가격이 이 지점 근처나 더 아래로 떨어진다고 봐야 한다(23장).

78번 정답 A-삼각형, 사각형; B-삼각형; C-삼각형; D-사각형

삼각형과 사각형의 윗변은 저항영역이며 아랫변은 지지영역이다. 사각형에서는 지지선과 저항선이 나란히 가지만 삼각형에서는 수렴한다. 삼각형 전반부에서 돌파가 발생하면 강한 추세가 이어진다. 사각형의 경우는 반대로 패턴이 오래 지속될수록 돌파 뒤의 움직임이 크다.

79번 정답 1–E; 2–A, B; 3–D; 4–C

이등변삼각형은 윗변과 아랫변이 같은 각도로 수렴한다. 상승삼각형은 윗변이 비교적 수평이며 아랫변이 상승한다. 하락삼각형은 아랫변이 비교적 수평이며 윗변이 하락한다. 사각형의 윗변과 아랫변은 수평을 이룬다. 상승추세에서 저항영역이던 사각형 C의 윗변이 하락추세에서는 지지영역이 되는 양상(삼각형 D의 아랫변)에 주목하라.

80번 정답 C. 1, 2, 3

상승추세에서는 롱 포지션을 취해야 한다. 어느 정도로 강세를 예측하느냐는 자본에 따라 선택해야 한다. 롱 포지션으로 진입한 후에는 손실제한주문을 설정하라. 손실제한주문을 설정하지 않으면 위험하다. 삼각형에서 롱 포지션을 취할 때는 삼각형 비로 아래에 손실제한주문을 설정하라. 돌파나 되돌림에서 롱 포지션으로 진입한다면 윗변 조금 아래 삼각형 내부에 손실제한주문을 설정하라.

자가 진단 ☑

☐ 정답 수 7개 미만: 낙제

차트는 중요한 정보를 담고 있다. 차트를 읽지 못하면 시장의 정보를 해독할 수 없기 때문에 천정에서 매수하거나 바닥에서 매도하는 엄청난 실수를 저지르게 된다. 추천 도서를 읽고 차트를 다시 한 번 살펴보면서 배운 것을 적용해보라. 그리고 다시 문제를 풀어보라. 반드시 이 과정을 밟기 바란다. 3부는 아주 중요하므로 건너뛰면 안 된다.

☐ 정답 수 7~13개: 평균 이하

트레이딩 게임에서 이길 확률이 낮다. 신중한 투자자와 트레이더라면 추세, 거래범위, 지지와 저항, 지속과 반전 등 필수 개념을 숙지해야 한다. 추천 도서를 읽고 문제를 다시 풀어보라.

☐ 정답 수 14~20개: 양호

차트의 핵심 개념을 제대로 이해하고 있다. 하지만 이 정도로는 충분하지 않다. 컴퓨터를 활용한 기술적 분석에 주력한다면 충분하겠지만 차트를 이용해 트레이딩한다면 이 정도로는 부족하다. 차트를 활용해 트레이딩한다면 추천 도서를 읽고 갭, 추세

선, 삼각형, 머리어깨형 등 패턴들을 식별하고 해석하는 능력을
키워야 한다.

☐ 정답 수 20개 이상: 우수

차트의 기본 개념을 숙지하고 있다. 이를 알면 황소 진영과 곰
진영의 세력 변화를 알 수 있다. 4부로 넘어가도 좋은 점수다.

● 추천 도서

· 본책『심리투자 법칙』제3부 전통척인 차트 분석법 참고

● 추가 자료

· 로버트 에드워드Edwards Robert D.와 존 매기John Magee,『주식 주세의
기술적 분석Technical Analysis of Stock Trends』

· 마틴 프링Pring Martin J.,『기술적 분석Technical Analysis Explained』

PART 04

컴퓨터를 이용한 기술적 분석

81번 정답 A. 1

　컴퓨터를 활용한 기술적 분석은 전통적인 차트 분석보다 객관적이다. 삼각형이 있느냐 없느냐에 대해서 의견이 갈릴 수는 있지만 지표의 방향이 상승이냐 하락이냐에 대해서는 이견의 여지가 없다. 훌륭한 기술적 분석은 미래를 예측하는 것이 아니라 황소와 곰 진영의 세력 균형을 식별한 후 이기고 있는 세력에 베팅하는 것이다. 컴퓨터를 활용한다고 해도 매수, 매도주문을 내는 것은 인간이므로 감정을 완전히 배제할 수는 없다. 누군가 '확실한 물건'이 있다며 사기를 치려 들지도 모르니 조심하라(24장).

B

　소프트웨어가 가장 핵심이다. 소프트웨어에 따라 화면에 보이는 정보가 다르며 활용 가능한 지표와 연구 기법이 달라진다. 프로그램에 따라 컴퓨터 사양을 골라야 하므로 소프트웨어를 고른 다음 컴퓨터 모델을 결정해야 한다. 분석 프로그램은 대부분 다양한 포맷으로 데이터를 읽을 수 있으며, 데이터를 포맷에 맞게 전환시켜주는 유틸리티 프로그램도 많다.

83번 정답 1–C; 2–A; 3–B

　툴박스는 툴을 모아둔 것이다. 능숙한 장인이 다루면 유용하지만 아마추어의 손에 들어가면 위험한 도구가 될 수 있다. 블랙박스는 과거의 실적은 화려하지만 시장이 변하면 무용지물이 된다. 그레이박스는 툴박스와 블랙박스의 중간 정도다.

84번 정답 1–C; 2–A; 3–B

　트레이더로 성공하려면 성격이 다른 지표를 결합해 각 지표의 장점은 유지하고 단점은 상쇄하도록 해야 한다. 이런 목적으로 고안된 것이 삼중 스크린 매매 시스템이다(24장).

85번 정답 B

　단순이동평균은 종가를 더한 다음 일수로 나누어 구한다. 과거 5

일 동안의 종가를 더해 110이 나오면 110을 5로 나눈다. 110 ÷ 5 = 22(25장).

86번 정답 A

지수이동평균은 단순이동평균보다 수기로 구하기가 어렵다. 컴퓨터를 활용하면 둘 다 쉽게 구할 수 있다(25장).

87번 정답 D

지수이동평균이 상승하면 황소들이 주도권을 쥐고 있으므로 롱 포지션을 취해야 한다. 지수이동평균이 하락하면 곰들이 주도권을 쥐고 있으므로 숏 포지션을 취해야 한다. 지수이동평균이 신고점이나 신저점을 기록하느냐도 중요하지만 기울기의 방향이 더 중요하다. 산출기간은 트레이더가 선택한다(25장).

88번 정답 1–A, C; 2–B; 3–A, C; 4–B

지수이동평균이 상승하면 롱 포지션 관점에서만 트레이딩해야 한다. 지수이동평균 바로 아래에 매수주문을 내라. 지수이동평균이 하락하면 숏 포지션 관점에서만 트레이딩해야 한다. 지수이동평균 바로 위에 공매도주문을 내라(25장).

89번 정답 A–1, 2, 3, 8; B–4, 5; C–6, 7

지수이동평균이 상승하면 대체로 가격은 지수이동평균을 상회하며 반락이 매수기회가 된다. 지수이동평균이 하락하면 가격은 대체로 지수이동평균을 하회하며 반등이 공매도기회가 된다. 상승추세와 하락추세 사이의 추세전환기에는 트레이딩이 어렵다. 미심쩍으면 추세가 분명해질 때까지 관망하라(25장).

90번 정답 D. 1, 2, 3, 4

가격은 가치에 대한 일시적 합의이며 이동평균은 가치에 대한 평균적 합의다. 단기 이동평균은 단기 합의, 장기 이동평균은 장기간에 걸친 합의를 나타낸다. 빠른 MACD선이 느린 MACD선보다 위에 있으면 황소들이 시장을 장악하고 있고 빠른 MACD선이 느린 MACD선보다 아래에 있으면 곰들이 시장을 장악하고 있는 것이다 (26장).

91번 정답 C

MACD 히스토그램은 빠른 MACD선과 느린 MACD선의 차이를 추적한다. MACD 히스토그램의 기울기는 MACD 히스토그램의 마지막 바 두 개의 관계로 결정된다. 기울기가 상승하면 황소들이 시장을 장악하고 있고 기울기가 하락하면 곰들이 시장을 장악하고 있다는 의미다. 시장 주도세력에 합세하는 편이 유리하다. 이는 예측이 아니라 시장 군중이 이끌어가는 내세를 따르는 것이다.

1–A; 2–C; 3–B; 4–D

MACD 히스토그램이 신고점에 도달하면 황소 진영의 세력이 강력하다는 의미이며 주가는 최근의 고점을 다시 건드리거나 고점을 넘어설 확률이 높다. MACD 히스토그램이 신저점에 도달하면 곰 진영의 세력이 강력하다는 의미이며 주가는 최근의 저점을 다시 건드리거나 저점을 더 낮출 확률이 높다. 강세 다이버전스는 강력한 매수신호다. 가격이 신저점으로 떨어지지만 MACD 히스토그램이 저점을 높일 때 강세 다이버전스가 발생한다. 약세 다이버전스는 강력한 매도신호다. 가격이 신고점으로 상승하지만 MACD 히스토그램이 고점을 낮출 때 약세 다이버전스가 발생한다. 구간 C와 D 사이의 바닥에서 매수해야 한다. MACD 히스토그램의 고점과 저점이 몰려 있는 곳으로 가격이 다시 상승 또는 하락하며 다이버전스가 발생할 확률이 높다(26장).

93번 정답 C

이 지점에서 MACD 히스토그램이 신고점을 기록하면서 밀 가격의 추가 상승을 예고한다. 관망하다가 되돌림을 매수기회로 활용하는 전략을 써야 한다(26장).

94번 정답 C

일간 차트상 전일보다 위나 아래로 튀어나온 부분 중 더 길게 튀어나온 쪽이 오늘의 방향성 운동이다. 오늘의 바가 어제의 바에 포함되거나 튀어나온 길이가 같다면 방향성 운동은 0이다(27장).

95번 정답 1–D; 2–B; 3–C; 4–A

ADX가 방향성 하단선 위로 올라오면 방향성 상단선의 방향대로 트레이딩 하라. ADX가 하단선 위로 올라올 때는 ADX가 +DI와 −DI보다 아래에 있으면 추세추종 기법을 쓰지 않는다. 차트에서는 ADX가 +DI를 상향돌파한 다음 공매도기회다. ADX가 +DI와 −DI 위에서 하락할 때 환매하라.

96번 정답 D. 3, 4

ADX가 +DI와 −DI보다 아래로 하락하면 매수신호도, 매수신호도 아니다. 하지만 가격은 상승추세를 그린다. 추세를 포착한 뒤 ADX가 새로운 신호를 생성할 때까지 1개월 이상이 걸릴 수도 있다. 이 차트에서는 12월에야 새로운 신호가 생성된다. 다른 지표를 참고하는 게 좋다(27장).

97번 정답 A

오실레이터는 시장 움직임의 속도를 측정한다. 오실레이터의 천정과 바닥으로 집단의 낙관주의와 비관주의가 교차한 전환점을 식별할 수 있다. 오실레이터가 과매수를 가리키면 시장의 천정, 과매도를 가리키면 시장의 바닥이다. 이 신호들은 박스권에서는 적중하지만 시장이 추세를 보이면 성급하고 위험한 신호를 낸다. 어떤 지표도 천정과 바닥을 모두 포착하지는 못한다(28장).

98번 정답 1-C; 2-B; 3-D; 4-A

과매수는 가격이 너무 올라서 하락 반전을 기다린다는 의미다. 과매도는 가격이 너무 낮아져서 상승 반전을 기다린다는 의미다. 과매수선과 과매도선은 오실레이터의 5퍼센트만이 이 선을 벗어나도록 그려야 한다(28장).

99번 정답 D

오실레이터가 신고점에 도달하면 강세장이 지속된다는 신호다. 롱 포지션을 추가하거나 수익의 일부를 현금화해도 된다. 다만 이런 상황에서는 가격이 떨어질 염려가 없으므로 공매도신호는 무시한다.

100번 정답 A. 1, 2

시장이 하락추세이고 오실레이터가 상단 기준선 위로 상승하면 단기 반짝 강세장으로 공매도기회다. 모멘텀이 하단 기준선 아래로 떨어지면 숏 포지션을 유지하거나 환매한다. 단, 하락추세가 확고히 자리를 잡았을 때는 어떤 경우에도 롱 포지션을 취하지 말라.

저명한 펀드매니저 피터 린치는 이렇게 말했다. "바닥을 포착하

려는 것은 떨어지는 칼을 쥐려는 것과 같다. 언제나 헛손질만 하게
된다."(28장).

［101번 정답］ 1–B; 2–A; 3–D; 4–C; 5–F; 6–E

유형 A 다이버전스는 거의 언제나 절호의 매매신호가 된다. 강세
다이버전스의 두 번째 바닥에서 지표가 상승하거나 약세 다이버전
스의 두 번째 고점에서 지표가 하락하면 매수하라. 유형 B 다이버전
스는 유형 A에 비해 신뢰도가 조금 떨어지므로 다른 지표들이 주는
신호를 점검해야 한다. 유형 C 다이버전스는 무시하는 게 상책이다
(28장).

［102번 정답］ C. 윌리엄스%R

'최근의 고점 – 저점 거래범위'에시 종가의 상내석 위지를 즉정한
다. 최고점과 최저점 사이의 거리, 즉 거래범위를 100이라고 볼 때
종가의 위치를 백분율로 표시한 것이다.

［103번 정답］ 1–B, D; 2–C, F; 3–H; 4–E, G; 5–A

오실레이터가 상단 기준선 위로 상승하면 과매수다. 오실레이터
가 과매수가 되면 매도신호이거나 적어도 매수를 피하라는 신호다.
오실레이터가 하단 기준선 아래로 떨어지면 과매도다. 오실레이터
가 과매노가 뇌면 매수신호이거나 적어도 공매도를 피하라는 신호

다. 시장이 움직일 때 오실레이터가 기준선 도달에 실패하면 페일러 스윙이라 한다. A로 하락할 때 윌리엄스%R이 하단 기준선에 도달하지 못하면서 페일러 스윙이 발생한다. 이 경우 페일러 스윙은 황소들의 힘이 강력하다는 것을 표시하며 매수신호가 된다. 강세 다이버전스와 약세 다이버전스는 강력한 매수, 매도신호가 된다. G의 약세 다이버전스는 유형 A에 해당하며 E와 H의 다이버전스는 유형 B 다이버전스에 해당한다(29장).

104번 정답 D

네 개의 진술이 모두 참이다. 하지만 서로 모순되는 진술이므로 효력을 상실한다. 이처럼 전체적인 상황이 분명하지 않을 때는 시장에 뛰어들 필요가 없다. 관망하면서 분명한 신호가 나올 때까지 기다려라. 가격이 신고점에 도달하고 윌리엄스%R이 상단 기준선 아래에 머무르면 유형 A 약세 다이버전스로 강력한 매도신호다. 가격이 하락하고 윌리엄스%R이 하단 기준선을 건드리면 강력한 매수신호다. 특히 전체 추세가 상승할 때는 강력한 매수신호가 된다(29장).

105번 정답 C. 2, 4

스토캐스틱을 시장의 주요 사이클에 맞추는 것이 이상적이다. 사이클이 없거나 찾기 어려울 때는 스토캐스틱 산출기간을 좁혀라. 스토캐스틱의 목표는 단기 고점과 바닥을 포착하는 것이므로 산출기간이 좁으면 더 효과적이다(30장).

106번 정답 1–C; 2–B; 3–D; 4–A

가격은 거래 순간 시장 참여자 집단 사이에 이루어진 가치에 대한 합의를 반영한다. 최근의 고가와 저가는 그 기간 동안 황소 역량의 최대치와 곰 역량의 최대치를 나타낸다. 스토캐스틱은 황소 혹은 곰이 형성할 수 있는 역량을 측정한다(30장).

107번 정답 1–B, I; 2–D, F, H, J; 3–J~K; 4–B~C; 5–A, E, G

스토캐스틱이 상단 기준선까지, 혹은 상단 기준선 위로 상승하면 과매수가 된다. 이는 매도신호 혹은 적어도 매수를 피하라는 신호가 된다. 스토캐스틱이 하단 기준선까지, 혹은 하단 기준선 아래로 하락하면 과매도가 된다. 이는 매수신호 혹은 적어도 공매도를 피하라는 신호가 된다. 시장이 움직일 때 스토캐스틱이 기준선 도달에 실패하면 페일러 스윙이다. 하락하는 동안(A) 스토캐스틱이 하단 기준선에 도달하지 못하면 황소들의 역량이 강력하다는 의미이므로 매수신호가 된다. 상승 구간인 E와 G에서 스토캐스틱이 상단 기준선에 도달하지 못하면 곰들의 역량이 강력하다는 의미이므로 매도신호가 된다. 스토캐스틱과 가격 사이의 강세 다이버전스와 약세 다이버전스는 가장 강력한 매수, 매도신호가 된다. B~C는 유형 A 약세 다이버전스로 가격이 신고점에 도달하지만 스토캐스틱은 고점을 낮춘다. J~K는 유형 A 강세 다이버전스로 가격이 신저점에 도달하지만 스토캐스틱은 저점을 높인다(30장).

108번 정답 B

강세 다이버전스 구간인 J~K에서 스토캐스틱이 상승하고 있으므로 주가가 계속 상승할 것이다. 해당 월에 스토캐스틱이 신고점을 돌파하는 것 역시 강세장을 나타내는 신호가 된다. 롱 포지션으로 진입하고 거래일 4일 전의 저점에 손실제한주문을 설정하라(30장).

109번 정답 B. 1, 2

트레이딩 계좌는 장 마감 후 정산한다. 따라서 계좌의 잔고는 종가에 따라 결정된다. 종가에 따라 일부는 계좌에서 돈을 인출할 만큼 수익을 기록하지만 마진콜을 당하는 트레이더도 있다. 영리한 트레이더는 포지션을 유지한 상태로 밤새 쩔쩔매지 않는다. 전 세계에서 시장이 점점 더 많이 개설되면서 해외 시장에서 포지션을 청산하는 것도 가능해졌다(31장).

110번 정답 1-A, G, H, K, M; 2-C, D, L, O; 3-D~F; 4-A~B, M~N; 5-E, I

RSI가 상단 기준선 위로 상승하면 과매수 상태가 된다. 이는 매도신호로 하락추세나 횡보장에서는 공매도신호지만 상승추세에서는 성급한 신호가 된다. RSI가 하단 기준선 아래로 하락하면 과매도 상태가 된다. 이는 매수신호로 상승추세나 횡보장에서는 매수신호지만 하락추세에서는 성급한 신호가 된다. 강세 다이버전스와 약세 다이버전스는 가장 강력한 매수, 매도신호다. A~B, M~N에서 발생하는 두 차례의 약세 다이버전스와 D~F의 강세 다이버전스 모두 유형 A 다이버전스다. 세 차례의 다이버전스 모두 시장이 움직이기 전에 신호를 보낸다.

111번 정답 D. 1, 4

RSI는 종가의 변화만을 토대로 산출한다. RSI가 주가보다 며칠 앞서 추세선을 붕괴시키면 추세 변화에 미리 대응할 수 있다. 이 신호는 다른 지표도 같은 신호를 보낼 때 특히 강력하다. 그림 14에서 하락추세선 E가 붕괴된 뒤 D~F에서 강세 다이버전스를 보이면서 강력한 상승 움직임을 알려준다(31장).

112번 정답 A

하락추세가 거침없고 RSI는 신저점으로 하락했다(강세 다이버전스 없음). 그리고 하락추세선이 붕괴되지 않았다. M~N 약세 다이버전스에서 금을 공매도했다면 숏 포지션을 유지하든지 일부 차익을 실현하라. RSI가 과매도일 때 숏 포지션에 처음 진입하는 것은 위험부담이 크고 롱 포지션으로 진입하기에는 너무 이르다(31장).

자가 진단 ☑

☐ 정답 수 9개 미만: 낙제

기술적 분석에 대한 이해가 부족하다. 컴퓨터를 활용하든 안 하든 기본 개념은 익혀야 한다. 추천 도서를 읽어보고 문제를 다시 풀어보라.

☐ 정답 수 9~17개: 평균 이하

추세추종 지표와 오실레이터가 보내는 신호를 이해해야 한다. 추세추종 지표와 오실레이터는 황소와 곰 진영의 세력 균형을 보여준다. 추천 도서를 읽고 문제를 다시 푼 뒤 다음으로 넘어가라.

☐ 정답 수 18~24개: 양호

컴퓨터를 활용한 기술적 분석을 잘 이해하고 있다. 어떤 분야에서 정답과 오답이 갈리는지 다시 검토해보라. 추세추종 지표, 오실레이터 중 어느 쪽이 더 사용하기에 편한가, 추세 식별 신호가 발견하기 쉬운지, 반전 식별 신호가 발견하기 쉬운지 점검하라. 추천 도서를 읽어보고 며칠 뒤 다시 문제를 풀어보라. 결과를 통해 어느 쪽이 자신에게 맞는지 살펴보라. 성공하는 트레이더들은 몇 가지 매매 기법에 집중한다. 일부는 추세추종, 일부는 반전 포착을 선호한다. 트레이더여, 너 자신을 알라.

☐ 정답 수 24개: 우수

컴퓨터를 활용한 기술적 분석에 통달했다. 이 지표들은 트레이딩 시스템을 만들 때 초석이 된다. 시스템을 구축하기 전에 이어지는 5~8부에서 시장 분석에 활용할 수 있는 여러 지표들을 다시 검토해보라.

● 추천 도서

· 본책『심리투자 법칙』제4부 컴퓨터를 이용한 기술적 분석 참고

● 추가 자료

· 존 머피,『선물시장의 기술적 분석Technical Analysis of the Futures Markets』

PART **05**

간과하기 쉬운
기본 지표들

113번 정답 D. 1, 2, 3, 4

거래량을 측정하는 방법은 세 가지다. 매매된 계약 수나 주식 수, 매매 횟수, 가격 변화 횟수 등. 첫 번째 방식이 시장의 움직임을 가장 정확하게 반영한다.

114번 정답 A

트레이더 두 명이 재정과 감정을 투입할 때 1회의 거래가 성사된다. 어느 한쪽은 틀린 선택, 다른 한쪽은 바른 선택을 한 것이므로 거래량은 승자와 패자의 행위를 반영한다. 패자 진영이 공황상태에 빠지면 거래량은 폭증한다. 거래량은 현재의 행위를 반영하지만 미래를 예측하지는 못한다(32장).

115번 정답 1–B; 2–A; 3–C; 4–D

거래량이 꾸준하거나 소폭 상승하면 대체로 추세가 지속된다. 거래량이 폭증하거나 폭락하면 추세는 대개 소멸한다. 패자들이 시장을 떠나면 추세는 지속될 수 없기 때문이다(32장).

116번 정답 1–D; 2–F; 3–C; 4–A; 5–B, G

거래량이 증가하거나 꾸준하면 견고한 추세다. 주가가 신고점으로 상승하거나 신저점으로 하락하는데 거래량이 감소하면 추세는 반전될 확률이 높다. 거래량이 폭증하면 추세는 지속되지 못하고 전환될 확률이 높다(32장).

117번 정답 D

여러 신호가 혼재되어 있으면 관망하는 게 낫다. 분명한 신호를 얻을 때까지 기다릴지어다! 내일도 장은 열린다. 승자들은 최상의 매매기회를 기다리지만 아마추어들은 트레이딩의 짜릿함을 맛보려고 성급하게 뛰어든다(32장).

118번 정답 C. 1, 2, 3

가격이 상승할 때는 누적 거래량에 그날의 거래량을 더하고 가격이 하락할 때는 누적 거래량에 그날의 거래량을 차감해서 OBV를 구한다. OBV가 신고점으로 상승하면 강세장을 확증하며 OBV가 신저점으로 하락하면 약세장을 확증한다. 가격은 가치에 대한 합의를 반영하고 OBV로 측정한 거래량은 트레이더의 심리를 추적한다(32장).

119번 정답 1–B; 2–C, D, E; 3–A

OBV가 신고점 A로 상승하면 가격의 추가 상승이 예측된다. 주가가 신고점 B로 상승할 때 OBV가 고점을 낮추면서 유형 A 약세 다이버전스가 발생하므로 절호의 공매도기회다. OBV는 주가 하락의 선행 지표 역할을 한다. E 지점에서 OBV가 붕괴되면서 아주 유용한 신호를 보낸다. 즉, 숏 포지션을 유지해야 한다. 1개월 이상 주가가 횡보를 보이다가 OBV를 따라 다시 하락한다(33장).

120번 정답 A

주가 추세가 하락하고 OBV 추세도 하락한다. 숏 포지션으로 진입하고 추세를 거스르지 말라. 마지막 거래일에 OBV가 신저점을 기록하지 못해도 놀랄 필요는 없다. 중요한 다이버전스는 며칠, 혹은 몇 주에 걸쳐 생성된다. OBV가 바닥 바로 위에 머물며 바닥을 다지는 것만으로도 약세장을 확인하는 신호로 충분하다(33장).

121번 정답 1–D; 2–C; 3–B; 4–A

시가와 종가는 하루 중 가장 중요한 가격이다. 시가는 아침이면 장으로 몰려오는 아마추어에 의해 결정된다. 종가는 하루 종일 상황을 지켜보다 장에 들어오는 프로들에 의해 결정된다. 매집/분산 지표는 시가와 종가의 관계를 거래량과 함께 나타낸 지표다(33장).

122번 정답 B

미결제약정은 특정일, 특정 시장의 숏 계약 수와 롱 계약 수를 나타낸다.

123번 정답 1–B; 2–C; 3 C; 4–A

새로운 매수자와 새로운 매도자가 시장에 들어와야 미결제약정은 상승한다. 롱 포지션을 취하고 있던 트레이더가 숏 포지션을 취하고 있던 트레이더에게 매도하면 둘 다 포지션을 청산하게 되므로 미결제약정은 하락한다. 롱 포지션을 취하려는 황소가 롱 포지션을 청산하려는 트레이더로부터 매수하면 미결제약정은 변하지 않는다. 숏 포지션을 취하려는 곰이 숏 포지션을 청산하기 위해 환매하려는 트레이더에게 공매도해도 역시 미결제약정은 변하지 않는다.

D. 1, 2, 3, 4

미결제약정이 상승한다는 것은 황소와 곰 양 진영이 서로 확신을 가지고 팽팽히 맞서고 있다는 의미다. 한쪽은 패하기 마련이지만 새로운 패자들이 계속 유입되는 한 추세는 지속된다(34장).

1—C, D; 2—B; 3—A, F; 4—D~E

미결제약정이 상승하고 있으므로 황소와 곰이 맞서며 치열한 전투를 벌이고 있다는 것을 알 수 있다. 이러한 현상은 상승추세를 확증한다. 미결제약정이 하락하면 곰들이 하락추세를 믿지 못하고 차익을 실현하고 황소들은 손실을 보고 물량을 털고 있다는 뜻이다. 가격이 신고점으로 상승하지만 미결제약정이 감소하면 황소들이 비록 수익을 내고 있지만 추세에 대한 확신을 점점 잃고 있다는 의미다. 이는 유형 A 약세 다이버전스로 공매도기회다(34장).

D. 3, 4

추세는 벗 삼아야 할 친구다. 추세와 다투지 말라. 이 차트의 마지막 날 트레이딩해야 한다면 하락추세이므로 숏 포지션으로 진입해야 한다. 트레이딩을 강제하는 사람이 없으므로 관망하라. 하락추세가 오래돼 지지영역으로 떨어지고 있으므로 이 단계에서 공매도하는 것은 위험부담이 크다. 다음 번 단기 반등 시 공매도하고 손실제한을 좁게 설정하라. 하락추세가 반전되어 가격이 4월 초의 고점 위로 반등하면 손실제한주문이 실행될 것이다. 이때는 포지션을 바꿔 롱으로 진입할 것을 고려하라(34장).

127번 정답 C. 1, 2, 3

헤릭정산 지수는 일일 고가와 저가, 거래량, 미결제약정으로 산출한다. 헤릭정산 지수는 추세를 확인하고 추세 반전을 포착하는 데 유용하다.

128번 정답 1–C; 2–B; 3–A; 4–D, E

헤릭정산 지수가 신고점을 기록하면 상승추세를 확증하고 신저점을 기록하면 하락추세를 확증한다. 종종 추세 반전에 앞서 헤릭정산 지수의 약세 다이버전스와 강세 다이버전스가 발생하지만 다이버전스가 발생하기까지 긴 시간이 필요하다. 이 차트의 두 차례 다이버전스는 모두 유형 A 다이버전스다. 헤릭정산 지수 다이버전스를 활용해 전환신호를 읽었으면 단기 오실레이터를 검토해 정확한 반전시점을 포착하라(35장).

129번 정답 A. 1, 3

가격이 5월 초의 고점 위로 반등했고 헤릭정산 지수도 신고점으로 상승했다. 매집 지수가 높으므로 가격은 더 상승할 것이다. 롱 포지션으로 진입하라(35장).

C. 1, 2, 3

트레이더의 탐욕과 공포에 의해 가격 사이클이 생길 뿐 아니라 생산의 펀더멘털 요소와 소비자와 생산자의 집단 심리에 의해서도 가격 사이클이 생성된다. 시장 여건이 변하면서 사이클은 명멸한다. 시장 사이클을 행성의 움직임 같은 '불변의 법칙'과 연결시키려고 하는 것은 한심한 일이다(36장).

A

추세가 상승하고 있고 하락이 지속되는 기간이 앞선 반등의 절반이다. 매수하고 싶다면 단기 오실레이터를 활용해 정확한 매수 포인트를 포착하라. 시장의 강세를 어느 정도로 예측하느냐에 따라 바로 매수할 수도 있다. '너무 늦었다'는 이유로 매수를 꺼리는 것은 추세와 다투는 것이다. 추세와 다투는 것은 좋은 전략이 아니다(36장).

1–C; 2–D; 3–A, E; 4–B

지표의 기울기와 중간선을 기준으로 할 때 위냐 아래냐의 위치로 지표의 계절을 정한다. 중간선 아래에서 지표가 상승하면 봄이고 중간선 위에서 상승하면 여름이다. 지표가 중간선 위에서 하락하면 가을이며 중간선 아래에서 하락하면 겨울이다. 봄은 롱 포지션으로 진입하기 가장 좋은 계절이며 가을은 공매도하기에 가장 좋은 계절이다. 이 차트는 1987년 주식시장이 급락했을 때의 모습이다. MACD

히스토그램이 가을로 접어든 뒤 장세가 급락한다. 10월에 반짝 상승하는 '인디언 섬머'와 초봄에 잠깐 나타나는 '꽃샘추위'에 주목하라 (36장).

133번 정답 　A

　시장의 시간단위는 그보다 더 큰 시간단위, 그보다 더 작은 시간단위와 연계된다. 두 가지 시간단위로 시장을 분석한다면 단기 스케일은 장기 스케일보다 다섯 배 짧아야 한다. 즉, 일간 차트로 분석한다면 먼저 주간 차트부터 살펴야 한다. '5의 법칙'에 합당한 조합은 A 뿐이다(36장).

☐ 정답 수 6개 미만: 낙제

시장을 분석할 때 간과하기 쉬운 기본에 대해 더 익혀야 한다. 이런 기본들을 익히면 다른 트레이더들보다 우위에 설 수 있다. 추천 도서를 읽어보고 며칠 뒤 다시 문제를 풀어보라.

☐ 정답 수 6~11개: 평균 이하

이 정도로는 시장에서 수익을 취할 수 없다. 추천 도서를 읽어보고 시간, 거래량, 미결제약정 등 기본 개념을 익히기 바란다.

☐ 정답 수 13~16개: 양호

트레이더 대부분이 간과하고 있는 기술적 분석의 기본 개념을 파악하고 있다. 이러한 기본 개념을 이해하지 못하면 위험을 자초하게 된다. 시간, 거래량, 미결제약정 중 어느 분야에 취약한지 살펴보라. 추천 도서를 통해 부족한 부분을 메우고 며칠 뒤 다시 문제를 풀어보라.

☐ 정답 수 16개 이상: 우수

트레이더 대부분이 놓치고 있는 개념을 이해하고 있다. 시간, 거래량, 미결제약정에 대해 알면 한 차원 더 깊이 시장의 움직임을 분석할 수 있다.

● 추천 도서

·본책『심리투자 법칙』제5부 간과하기 쉬운 기본 지표들 참고

● 추가 자료

·디 벨빌Belveal L. Dee.,『상품시장 가격 움직임의 차팅Charting Commodity Market Price Behavior』

PART 06

주식시장의
중요한 지표들

134번 정답 C. 1, 2, 3, 4

신고점/신저점 지수는 주식시장의 선행 지표로 거래소에서 가장 강세를 보인 종목 수와 가장 약세를 보인 종목 수의 차이를 측정한다. 신고점 종목은 지난 1년(52주) 동안의 신고점에 도달한 종목이며 신저점 종목은 지난 1년 동안의 신저점에 도달한 종목이다. 신고점 종목은 강세를 이끄는 주도주, 신저점 종목은 약세를 이끄는 주도주들이다.

1–D; 2–C; 3–A; 4–B

　신고점/신저점 지수가 신고점으로 상승하면 강세 주도주들이 힘을 모으고 있다는 의미다. 이럴 때는 주도세력을 따라 롱 포지션으로 진입해야 한다. 신고점/신저점 지수가 신저점으로 하락하면 약세 주도주들이 힘을 모으고 있으므로 숏 포지션으로 진입해야 한다. 가격은 상승하지만 신고점/신저점 지수가 고점을 낮추면 상승추세를 주도하던 주도주들이 힘을 잃고 있으므로 상승추세가 위험하다는 신호다. 가격이 하락하지만 신고점/신저점 지수가 저점을 높이면 하락추세를 주도하던 주도주들이 힘을 잃고 있으므로 하락추세가 위험하다는 신호다. 바닥이 임박한 것이다(37장).

1–E, F; 2–B; 3–A, G; 4–C, D

　신고점/신저점 지수는 시장 주도주를 추적하는 주식시장의 선행지표다. 시장이 A에서 B로 조금 상승하지만 신고점 종목 수는 더 적어졌다. 이는 약세 다이버전스로 매도신호가 된다. 시장이 하락하기 시작하면서 신고점/신저점 지수가 저점을 낮추면 약세 주도세력이 강력하다는 표시다. 이는 향후 시장이 추가 하락한다는 신호였다. 한편 10월 들어 주가가 신저점으로 하락했지만 약세 주도세력은 계속 줄어들고 있다. 이는 강세 다이버전스로 매수신호다. 신고점/신저점 지수가 양수 영역으로 진입하면서 황소들이 시장을 장악하고 있다는 것을 확인해준다.

137번 정답 B. 2

차트가 완벽한 상승추세를 보이고 있다. 주가는 고점을 계속 높이고 저점 역시 계속 높아진다. 신고점/신저점 지수는 신고점으로 상승한다. 이런 상황에서는 롱 포지션 관점에서만 트레이딩해야 한다. 이 차트는 1990~1991년 이라크-쿠웨이트 간의 긴장, 즉 걸프전 발발 전, 걸프전 도중, 걸프전 종식 뒤 주식시장의 움직임을 보여주는 것이다. 7월 이라크가 쿠웨이트를 침공하기 앞서 신고점/신저점 지수가 약세를 보이고 뒤이어 주식시장이 하락한다. 시장이 바닥에 머물며 시황이 암울한 가운데 연합군의 공격 개시 시점이 임박하면서 긴장이 고조되었지만 신고점/신저점 지수는 강세 다이버전스를 보이며 강력한 매수신호를 낸다.

138번 정답 C

상승종목의 종목 수에 비해 거래량이 며칠 계속 유난히 높으면 강세가 정점에 이르러 하락 전환이 기다리고 있다는 의미다. 이처럼 시장이 과매수에 도달하면 약세장에서는 숏 포지션으로 진입해야 하며 강세장에서는 새로 롱 포지션으로 진입하기보다는 관망해야 한다(38장).

시장 상황이 다르면 트레이더 지수도 달리 해석해야 한다. 강세장에서는 과매수 및 과매도 수준을 높여야 하고 약세장에서는 과매수 및 과매도 수준을 낮춰야 한다. 따라서 2~3개월마다 과매수 및 과매도 수준을 조정해야 한다(38장).

140번 정답 1—A, D, E, F; 2—B, C, G; 3—D~E; 4— B~C

트레이더 지수가 신고점이나 신저점에 도달하면 현 추세가 강력하다는 의미다. 트레이더 지수가 과매도 구간을 벗어나면 매수하고 트레이더 지수가 과매수 구간을 벗어나면 공매도하라. 트레이더 지수와 지수 사이에 다이버전스가 발생하면 추세가 힘을 잃어 반전이 임박했다는 신호다. 이 차트에 나타나는 두 차례의 다이버전스는 모두 유형 B 다이버선스로 유형 A만큼 강력한 신호는 아니지만 그래도 신호 역할을 한다(38장).

141번 정답 A

트레이더 지수의 마지막 신호는 매도신호였다. 그러나 이 신호는 며칠 전에 발생한 것으로 트레이더가 결정해야 하는 것은 오늘 할 일이 무엇인가이다. 트레이더 지수가 매수구간으로 접근하고 있지만 아직 매수구간에 진입하지는 않았다. 애널리스트와 트레이더는 현 시점에 맞추어 행동해야 하며 과거 신호에 매달리거나 미래를 예견하려 해서는 안 된다. 이 차트의 마지막 날 트레이더 지수는 중간지대에 머물며 분명한 매수나 공매도신호를 내지 않는다(38장).

[142번 정답] C. 1, 2, 3

등락주선은 상승과 하락에 어느 정도 규모의 집단이 참여하고 있는지를 측정한다. 등락주선이 다우존스산업평균이나 S&P500과 발맞추어 신고점으로 상승하거나 신저점으로 하락하면 상승 혹은 하락이 지속된다. 등락주선의 절대 수준은 단지 기산일에 따라 좌우되므로 면밀하게 살펴야 한다. 등락주선은 주가 변화만을 추적하며 거래량은 추적하지 않는다(38장).

☐ 정답 수 5개 미만: 낙제

주식시장에 관심이 없다면 6부에 언급된 지표를 건너뛰어도 좋다. 하지만 주식이나 주식선물지수, 옵션을 매매할 계획이라면 신고점/신저점 지수, 트레이더 지수를 활용할 줄 알아야 한다. 추천 도서를 읽어보고 다시 문제를 풀기 바란다.

☐ 정답 수 5~7개: 양호

이제 신문을 보면 신고점과 신저점 종목이 의미하는 바를 이해할 수 있을 것이며, 트레이더 지수를 산출해 주식시장이 과매수인지 과매도인지 식별할 수 있을 것이다. 7부로 넘어가기 전에 틀린 문제를 복습하고 추천 도서를 읽은 다음 며칠 뒤 다시 문제를 풀어보라.

☐ 정답 수 8~9개: 우수

기본적인 주식시장 지표 활용법을 이해하고 있다. 컴퓨터를 활용한 지표(4부 참고)와 이 지표들을 결합하면 군중보다 한 발 앞설 수 있다.

● 추천 도서

· 본책 『심리투자 법칙』 제6부 주식시장의 중요한 지표들 참고

● 추가 자료

· 리처드 암스Arms Richard W. Jr., 『암스 지수The Arms Index』

· 조셉 그랜빌Granville Joseph, 『일간 마켓 타이밍의 새로운 전략New

Strategy of Daily Stock Market Timing for Maximum Profit』

PART 07

시장 심리를
보여주는 지표들

143번 정답 B. 1, 3

　트레이더 대다수가 강세에 베팅할 때 영리한 트레이더는 포지션을 매도하고 숏에 진입할 기회를 살핀다. 이들은 이미 황소들이 주식, 선물, 혹은 옵션을 매수할 대로 매수한 상태여서 더 이상 매수 여력이 없다는 사실을 꿰뚫고 있다. 또한 뒤늦게 매수에 참여한 투자자들은 자본력이 약한 개미들이며 확신도 없다. 험프리 닐Humphrey Neill은 이렇게 말했다. "모두가 한 목소리를 내면 모두 틀린 것이다"(39장).

A

선물과 옵션시장의 구조를 보면 동일 시장의 롱 계약 수와 숏 계약 수는 늘 동일하다. 시장 참여자의 75퍼센트가 롱 포지션을 취하고 있다면 황소의 수가 곰보다 세 배 많다는 뜻이다. 이 경우 곰 한 명(숏 포지션 보유자)이 보유한 숏 포지션 계약 수는 황소 한 명이 보유한 롱 포지션 계약 수보다 세 배 많다. 그러므로 이 경우는 큰손들이 곰 진영에 있는 것이다. 어리석으면 큰손으로 성장할 수 없다. 숫자로는 열세라도 큰손을 따라 베팅하는 편이 유리하다. 강세합의가 75퍼센트까지 상승하면 매도하기 시작하고 공매도기회를 찾아야 한다(39장).

D

숏 계약 수와 롱 계약 수는 언제나 동일하다. 시장 참여자 대다수가 숏 진영에 있다면 소수인 황소 1인당 계약 수가 곰 1인당 계약 수보다 많다. 강세합의가 20퍼센트라면 황소 한 명이 보유하고 있는 평균 계약 수는 곰 한 명이 보유하고 있는 평균 계약의 네 배가 된다. 시장의 큰손들이 황소 진영에 있으므로 급등세에 대비해야 한다(39장).

B

군중이 강세장에 주목하고 있는 시점이라면 추세는 오래되어 반전을 준비하고 있다. 천정에서는 종종 변동성이 크므로 일정 비율의 풋 포지션을 매수하는 것이 안전한 전략이다. 지금 커피를 매수하면 나보다 더 어리석은 '호구'가 있으리라고 기대하는 꼴이다. 다른 시장에서는 그 시장의 시황에 따라 트레이딩해야 한다(39장).

147번 정답 A-2; B-4; C-1; D-3

포지션 규모가 보고 수준을 초과하면 정부에 보고해야 한다. 보고 수준은 시장별로 다르다. 포지션 한도는 한 명의 투자자가 한 시장에서 보유할 수 있는 최대 계약 수를 가리킨다. 단, 헤저들은 포지션 제한이 없다. 한편 선물시장에서 다양한 내부 정보를 이용한 거래는 합법인데 이 사실을 모르는 트레이더들이 많다(40장).

148번 정답 A-2; B-3; C-4; D-1

기업은 경영의 일환으로 상품을 거래하며 사업 위험을 헤지하기 위해 선물을 활용한다. 큰돈을 운용하는 투기적 거래자는 보고 수준을 넘어서는 포지션을 보유한 투자자들이다. 미결제약정에서 이 두 집단의 보유 계약 수를 차감하면 개미들이 보유한 계약 수를 알 수 있다. 소액 투자자인 개미들은 시장 추세에 맞지 않는 진영에 있는 경우가 많다. 기업 내부자는 상장기업의 임원으로 회사 주식의 5퍼센트 이상을 보유하고 있는 집단이다.

기업 내부자의 매수는 강력한 강세신호다. 11개월째에 접어들어 약세장은 무르익을 대로 무르익었다. 그렇지만 누가 나서서 강세장이 시작된다고 알려주지 않는다. 트레이더라면 숏 포지션 관점에서 수익을 조금씩 취할 수 있겠지만 투자자라면 선정한 종목을 서서히 매수해나갈 시점이다.

자가 진단 ☑

☐ 정답 수 4개 미만: 낙제

집단 심리 지표는 시장을 움직이는 동력을 꿰뚫어볼 수 있는 수
단이다. 집단 심리 지표를 매일 활용하든 그렇지 않든 집단이 어
떻게 움직이는지 이해하는 것은 아주 중요하다. 추천 도서를 읽
고 다시 문제를 풀어보라.

☐ 정답 수 4~5개: 양호

시장에서 집단의 행위를 측정하는 지표를 잘 이해하고 있다. 개
념을 전반적으로 이해하려면 이 정도로 충분하다. 하지만 이 지
표들을 트레이딩에 활용하려면 추천 도서를 읽고 틀린 문제를
복습한 뒤 며칠 지나 다시 문제를 풀어보길 바란다.

☐ 정답 수 6~7개: 우수

집단 심리 지표가 시장의 천정권과 바닥권을 보여주는 양상을
제대로 이해하고 있다. 이 지식으로 무장하고 있으면 컴퓨터를
활용한 지표들(4부 참고)로 진입시점과 청산시점을 세밀하게 조
정할 수 있다.

● 추천 도서

· 본책『심리투자 법칙』제7부 시장 심리를 보여주는 지표들 참고

● 추가 자료

· 험프리 닐,『역발상의 기술The Art of Contrary Thinking』

PART 08

시장의 주도세력을
알려주는
새로운 지표들

150번 정답 A-3; B-1; C-4; D-2

가격은 거래 순간 모든 시장 참여자가 합의한 가치를 반영한다. 장이 다시 열리기까지는 종가에 묶여 있게 되므로 종가는 특히 중요하다. 이동평균은 가치에 대한 평균적 합의다. 매일의 고가는 시장을 끌어올린 황소들의 역량, 매일의 저가는 시장을 끌어내린 곰들의 역량을 반영한다(41장).

151번 정답 1-D; 2-B; 3-D; 4-A

불 파워 = 고가-지수이동평균, 베어 파워 = 저가-지수이동평균

(41장).

C. 1, 2, 3

　엘러-레이는 가치에 대한 평균적 합의 위로 가격을 끌어올리는 황소들의 역량과 가치에 대한 평균적 합의 아래로 가격을 끌어내리는 곰들의 역량을 측정한다. 엘더-레이의 구성 요소인 지수이동평균은 시장 추세를 식별하는 데 유용하다. 추세가 상승하고 곰들이 힘을 잃으면 엘더-레이는 매수기회를 알린다. 추세가 하락하고 황소들이 힘을 잃으면 엘더-레이는 공매도기회를 알린다. 다른 지표나 시스템도 마찬가지지만 엘더-레이를 활용할 때도 판단력이 필요하다. 자동 트레이딩 시스템은 시황 변화에 대처하지 못하므로 시간이 지나면 무용지물이 된다(41장).

1–D; 2–B; 3–C; 4–A

　추세가 상승할 때만 매수하고 추세가 하락할 때만 공매도하라. 뒤에서 추세를 허겁지겁 따라가면 안 된다. 곰들이 버티면서 물 위로 고개를 내밀고 있을 때 매수하고, 황소들이 버티면서 물 위로 고개를 내밀고 있을 때 공매도하라. 상승추세가 반전되거나 불 파워가 약세 다이버전스를 보일 때까지는 상승추세와 동행하라. 불 파워가 약세 다이버전스를 보이면 황소들의 힘이 떨어지고 있다는 증거다. 하락추세가 반전되거나 베어 파워가 강세 다이버전스를 보일 때까지는 하락추세와 동행하라. 베어 파워가 강세 다이버전스를 보이면 곰들의 힘이 떨어지고 있다는 증거다.

154번 정답 1–E; 2–D; 3–F; 4–A, B, C

지수이동평균이 하락하면 숏 포지션 관점에서만 트레이딩하라. 하락추세에서 불 파워가 양수가 되면 물속에 잠겨 있던 황소들이 잠시 물 위로 올라와 숨을 쉬는 것이다. 불 파워가 하락할 때까지 기다린 다음(불 파워가 양수라도) 마지막 거래일의 저점 아래에 공매도주문을 내라. 베어 파워가 강세 다이버전스를 보이면서 곰 진영의 기운이 빠지는 징후가 나타나면 환매하라. 상승추세에서는 반대로 대처하라. 지수이동평균이 상승할 때는 롱 포지션 관점에서만 트레이딩하라. 베어 파워가 음수가 되면 곰들이 고개를 들고 일어나고 있다는 의미다. 베어 파워가 상승하자마자(베어 파워가 여전히 음수라도) 마지막 거래일의 고가 위에 매수주문을 내라. 불 파워가 약세 다이버전스를 보이면서 황소 진영의 기운이 빠지는 징후가 나타나면 매도하라(41장).

155번 정답 A

추세가 상승하고 있고 불 파워가 신고점을 기록하면서 상승추세를 확인하고 있다. 다시 신고점 부근까지 치고 올라가거나 신고점을 넘어설 확률이 높다. 추세에 맞서 싸우지 말고 고점을 포착하려고 하지 말라. 그저 손실제한을 조금씩 올리기만 하면 된다. 지수이동평균이 계속 상승하는 가운데 베어 파워가 음수로 전환되었다가 틱을 높이면 롱 포지션을 추가하라(41장).

156번 정답 C. 1, 2, 3

움직임의 방향은 그 강도가 음인지 양인지를 나타낸다. 오늘 종가와 어제 종가 사이의 거리는 황소 혹은 곰 진영이 어느 정도 격차로 승리했는지 보여준다. 거래량이 높으면서 상승하면 집단의 참여가 활발하므로 추세가 지속된다. 거리가 멀수록, 또 거래량이 많을수록 움직임의 강도는 세다(42장).

157번 정답 D

일일 강도 지수를 산출하려면 오늘의 종가에서 어제의 종가를 차감해 주가 방향과 변화의 범위를 구한 다음 연산 결과에 오늘의 거래량을 곱한다. 이 세 가지 요소를 결합하면 오늘의 강도 지수를 구할 수 있다(42장).

158번 정답 D. 1, 2, 3, 4

추세가 상승하고 강도 지수의 2일 지수이동평균이 음수로 전환되면 매수신호다. 추세가 하락하고 강도 지수의 2일 지수이동평균이 양수로 전환되면 공매도신호다. 강도 지수의 13일 지수이동평균과 주가 사이에 다이버전스가 발생하면 중요한 추세 반전을 예고한다 (42장).

159번 정답 1–C, D, K; 2–E, F; 3–A, G, H; 4–B, I

강도 지수의 13일 지수이동평균이 신고점으로 상승하면 황소 진영이 위세를 떨치고 있다는 의미이므로 상승이 지속될 확률이 높다. 강도 지수의 13일 지수이동평균이 신저점으로 하락하면 곰 진영이 위세를 떨치고 있다는 의미이므로 추가 하락이 예상된다. 강도 지수의 13일 지수이동평균과 주가 사이에 다이버전스가 발생하면 시장이 중요한 전환점에 도달했다는 뜻이다. 이 신호들은 강력하긴 하지만 완전무결하지는 않다. 시장에서 완전무결함이란 존재하지 않는다! D~E의 약세 다이버전스가 무산되는 양상을 주목하라. 이렇기 때문에 언제나 손실제한을 사용해야 되다는 것을 명심하라(42장).

160번 정답 B, 1, 3

고점과 저점이 동시에 높아지면서 가격의 상승추세를 확인한다. 최근 강도 지수가 신고점에 도달하면서 황소들의 막강한 위력을 보여주고 있다. 강도 지수의 추세는 하락세지만 최근 고점 사이의 차이가 너무 적어 다이버전스라고 보기 어렵다. 상승추세라고 보는 편이 안전하다. 시장이 '너무 상승한 건 아닌지' 추측하는 것은 도움이 안 된다(42장).

자가 진단 ☑

☐ 정답 수 4개 미만: 낙제

낙심하지 말라. 새로운 지표들을 처음 접했을 것이다. 추천 도서를 읽어보라. 이 지표들을 활용하든 하지 않든 자신만의 지표를 개발하는 데 도움이 될 것이다.

☐ 정답 수 4~6개: 평균 이하

기본은 알고 있지만 공부가 더 필요하다. 추천 도서를 읽어보라.

☐ 정답 수 7~9개: 양호

새로운 개념들을 서서히 파악해가는 단계. 답안을 맞춰보면서 어떤 분야에 강하고 어떤 분야에 취약한지 살펴보라. 며칠 뒤 다시 문제를 풀어보라.

☐ 정답 수 10개 이상: 우수

소수의 트레이더만이 깨우치고 있는 지표들을 완전히 이해하고 있다. 트레이딩 시스템의 초석으로 이 지표들을 활용하라(9부 참고).

● 추천 도서

· 본책 『심리투자 법칙』 제8부 시장의 주도세력을 알려주는 새로운 지
  표들 참고

● 추가 자료

· 알렉산더 엘더, 엘더-레이(비디오)

PART 09

트레이딩 시스템

161번 정답 C. 1, 2, 3, 4

　일간 차트는 상승추세지만 주간 차트는 하락추세일 수도 있고 일간 차트는 하락추세지만 주간 차트는 상승추세일 수도 있다. 추세추종 지표는 매수신호를 내지만 오실레이터는 매도신호를 낼 수도 있고 추세추종 지표는 매도신호를 내지만 오실레이터는 매수신호를 낼 수도 있다. 삼중 스크린 매매 시스템은 이처럼 상반되는 지표들을 처리하기 위해 고안된 것이다(43장).

162번 정답 B

삼중 스크린 매매 시스템에서 가장 먼저 살펴야 할 것은 매매할 때 참고하는 차트보다 한 단위 긴 시간단위의 차트에서 추세를 식별하는 것이다. 먼저 주간 차트에서 추세를 확인하고 이 추세 방향대로 일간 차트에서 진입시점을 찾아라. 일간 차트를 먼저 분석하고 나중에 주간 차트를 살피면 본인이 보고 싶은 대로 주간 차트를 해석하는 함정에 빠지기 쉽다. 일간 차트와 월간 차트를 결합하면 시간단위가 서로 너무 멀다. 두 차트 사이의 거리는 다섯 배가 적당하다(43장).

163번 정답 D

트레이더는 매수, 매도, 관망 세 가지 중에서 하나를 선택해야 한다. 삼중 스크린의 첫 번째 스크리닝 단계에서는 세 가지 선택 사항 중 하나를 걸러주는 역할을 한다. 첫 번째 스크리닝에 사용한 장기 차트상 추세추종 지표의 방향대로 트레이딩하거나 관망하라(43장).

164번 정답 C

삼중 스크린 매매 시스템의 첫 번째 스크린이 상승추세라면 단기 오실레이터가 하락하는 시점을 매수기회로 삼아라. 삼중 스크린 매매 시스템의 첫 번째 스크린이 하락추세라면 단기 오실레이터가 상승하는 시점을 공매도기회로 삼아라. 이렇게 하면 상승추세와 하락추세에서 추격매수나 추격매도를 피할 수 있다. 여기서는 단기 오실레이터가 이미 과매수 상태다. 오실레이터가 하락할 때까지 기다렸다가 롱 포지션으로 진입하라(43장).

[165번 정답] B

주간 차트가 상승추세이고 일간 차트가 하락추세이면 삼중 스크린 매매 시스템은 매수신호를 낸다. 세 번째 스크리닝 단계를 거쳐 마지막 거래일의 고점 위에 역지정가 매수주문을 설정함으로써 단기 상향돌파에 편승하라(43장).

[166번 정답] 1-A, C, E; 2-B, D, F; 3-D, B, F; 4-A, C, E

주간 차트가 상승추세이고 일간 차트 오실레이터가 하락하면 매수기회다. 주간 차트가 상승추세이고 일간 차트 오실레이터가 0 위로 상승하면 롱 포지션을 그대로 보유하든지 차익을 실현해야 한다. 주간 차트가 하락추세이고 일간 차트 오실레이터가 상승하면 공매도기회다. 주간 차트가 하락추세이고 일간 차트 오실레이터가 0 아래로 하락하면 숏 포지션을 그대로 보유하든지 차익을 실현해야 한다(43장).

167번 정답 C. 3, 4

약세 다이버전스가 보인다. 약세 다이버전스는 강력한 매도신호로 황소에게는 즉각 차익을 실현하라는 경고가 된다. 삼중 스크린 매매 시스템상 주간 차트가 상승추세라면 공매도해서는 안 된다. 이 때 일간 차트 오실레이터가 과매수 상태라면 매수해선 안 된다. 일간 차트 오실레이터가 0 이하로 하락해야 매수기회가 된다(43장).

168번 정답 1–C; 2–A; 3–B; 4–C

주간 차트가 상승추세이고 일간 차트가 하락추세면 역지정가 매수주문으로 상향돌파를 포착해 롱 포지션으로 진입하라. 주간 차트가 하락추세이고 일간 차트가 상승추세면 역지정가 매도주문으로 하향돌파를 포착해 숏 포지션으로 진입하라.

169번 정답 C. 1, 2, 3

파라볼릭 시스템은 주가가 전일 거래 범위의 안쪽으로 들어가지 않는 한 매일 트레이딩 방향으로 손실제한을 옮겨준다. 추세의 속도가 빠를수록, 가속계수(AF)가 클수록 손실제한 수준도 빠르게 조정되는데 파라볼릭 시스템은 트레이딩 수익과는 상관없이 작동한다 (44장).

C. 1, 2, 3

파라볼릭은 추세가 역동적으로 진행될 때, 즉 통상적인 지지영역이나 저항영역이 도움이 되지 않을 때 손실제한주문을 설정하는 데 유용하다. 파라볼릭은 시간의 흐름에 따라 손실제한을 트레이딩 방향으로 옮기고 롱에서 숏으로, 숏에서 롱으로 포지션 전환을 해준다. 물론 어떤 시스템도 트레이더 자신을 대신할 수는 없다. 매수, 매도주문은 트레이더의 몫이다(44장).

B

파라볼릭 시스템은 추세를 보이는 장에서는 제대로 작동하지만 박스권에서는 속임수신호를 낸다. 시장이 박스권에 머물고 있으므로 지지수준과 저항수준을 활용해 손실제한주문을 설정하라. 파라볼릭은 추세를 보이는 장에서만 활용하라(44장).

D. 1, 2, 3, 4

채널을 보면 지지나 저항이 언제 형성될지 알 수 있다. 추세선과 나란히 구축한 채널은 장기 분석, 특히 주간 차트 분석에 유용하다. 이동평균 주위로 구축한 채널은 단기 분석, 특히 일간 차트나 분 차트 분석에 유용하다. 변동성에 따라 결정되는 채널폭은 새로운 추세의 초기 단계를 포착하거나 옵션 트레이딩에 유용하다. 일부 트레이더는 고점의 이동평균과 저점의 이동평균으로 채널을 구축하기도 한다(45장).

173번 정답 C

채널을 구축하는 별다른 비법은 없다. 고가의 5퍼센트, 저가의 5퍼센트 정도가 채널 밖으로 나올 때까지 폭을 계속 조정해나가라. 일간 차트의 채널은 지난 2~3개월 동안의 주가 움직임을 토대로 구축해야 한다(45장).

174번 정답 A-2; B-4; C-1; D-3

이동평균은 가치에 대한 평균적 합의를 반영한다. 채널을 보면 정상적인 가격 움직임과 비정상적인 가격 움직임의 경계를 알 수 있다. 가격이 하단 채널선 아래로 하락하면 시장은 저평가되어 있는 것이며 가격이 상단 채널선 위로 상승하면 시장은 고평가되어 있다고 해석할 수 있다. 채널 안에 가격의 90~95퍼센트가 포함되도록 채널 계수를 계속 조정해야 한다(45장).

175번 정답 C

경마에 비유하자면 아마추어는 승산 없는 말에 베팅한다. 아마추어는 상향돌파에 매수하고 하향돌파에 공매도한다. 하지만 프로들은 돌파의 반대 방향으로 매매한다. 상향돌파가 주춤하면 바로 공매도하고 하향돌파가 신저점 달성을 멈추면 매수한다. 채널과 지표를 결합하면 황소 진영과 곰 진영의 위력을 통찰하는 최고의 수단이 되며 진짜 돌파와 가짜 돌파를 구별하는 데도 유용하다(45장).

176번 정답 A

채널의 기울기는 중요한 정보를 전달한다. 채널이 상승하면 강세장, 채널이 하락하면 약세장이며 채널이 수평을 그리면 횡보장이다. 채널의 방향대로 돌파가 일어나면 강력한 추세임을 나타내는데, 잠시 이동평균으로 되돌림이 일어나면 추세 방향대로 매매할 절호의 기회가 된다. 수평으로 누운 채널의 상, 하단 사이에서 등락을 거듭할 때 역시 절호의 매매기회가 된다. 그렇지만 이동평균을 기준으로 매매하는 것이 늘 수익을 내주지는 않는다. 채널이 기울기를 보일 때는 적중하지만 채널이 수평일 때는 들어맞지 않는다(45장).

177번 정답 1—A, D, F, G, H, I; 2—B, C, J; 3—E

채널과 지표 다이버전스를 결합하면 기술적 분석에서 최상의 신호를 제공한다. 가격이 하단 채널선 근처에 있을 때 강세 다이버전스가 발생하면 절호의 매수기회다. 롱 포지션으로 진입한 뒤 최근의 저가 바로 아래에 손실제한주문을 설정하라. 가격이 상단 채널선 근처에 있을 때 약세 다이버전스가 발생하면 절호의 공매도기회다. 숏 포지션으로 진입하고 최근의 고가 바로 위에 손실제한주문을 설정하라. 이 기법으로는 아주 좁은 손실제한을 쓸 수 있다. 이 기법이 적중하면 큰 수익을 얻을 수 있고 적중하지 않더라도 손실이 적다(45장).

178번 정답 A

이동평균이 상승하면서 상승추세를 확인해주고 있으므로 롱 포
지션 관점에서만 매매해야 한다. MACD 히스토그램이 신고점을 기
록하면서 가격이 가장 최근의 고점까지 상승하거나 이 지점을 추월
할 확률이 높다. 상승을 추격하지 말고 이동평균 수준에 매수주문을
내고 기다려라. 이동평균이 상승하면 매수주문을 조정하라(45장).

179번 정답 C

볼린저 밴드, 일명 포준편차 채널은 이동평균을 중심으로 구축한
다. 볼린저 밴드는 시장의 변동성에 반응해 계속 폭이 변한다는 점
에서 다른 채널과 구별된다. 시장의 변동성이 커지면 볼린저 밴드의
폭도 넓어진다(45장).

180번 정답 1–D; 2–C; 3–A; 4–B

볼린저 밴드의 폭이 좁으면 변동성이 적고 폭이 넓으면 변동성이
크다. 폭이 좁은 볼린저 밴드에서 돌파가 일어나면 종종 박스권에서
추세장으로 전환된다. 박스권에서 주요 추세가 발생하는 경향이 있
으므로 박스권에서 돌파가 일어나면 그 방향대로 매매하는 편이 유
리하다. 변동성이 적은 좁은 볼린저 밴드 내에서는 옵션 가격이 낮

으므로 옵션을 매수하는 것이 유리하다. 변동성이 큰 넓은 볼린저 밴드 내에서는 옵션 가격이 높으므로 옵션을 매도하는 것이 유리하다(45장).

자가 진단 ✓

☐ **정답 수 6개 미만: 낙제**

트레이딩 시스템을 이해하지 못하고 있다. 시스템 없이 매매하는 것은 방향타 없이 항해하는 것만큼 위험하다. 추천 도서를 읽고 다시 문제를 풀어보라.

☐ **정답 수 6~10개: 평균 이하**

핵심 개념은 파악하는 단계지만 트레이딩 시스템에 대한 이해는 부족하다. 트레이딩에 성공하려면 아직 많이 부족하다. 추천 도서를 읽고 문제를 다시 풀어보라.

☐ **정답 수 11~15개: 양호**

기본 개념은 제대로 파악하고 있다. 하지만 트레이딩 시스템을 자유자재로 다루기에는 아직 부족하다. 시스템을 통달하고 있어야 시장에서 생존하고 성공할 수 있다. 틀린 문제를 다시 보고 약점이 어디에 있는지 살펴보라. 추천 도서를 읽고 며칠 뒤 다시 문제를 풀어보라.

정답 수 15개 이상: 우수

트레이딩 시스템의 핵심을 숙지하고 있다. 틀린 문제를 검토해 보라. 단순히 실수로 틀린 것인지, 아니면 본인의 트레이딩 스타일 때문에 틀린 것인지 살펴보라. 성공하는 트레이더는 창조적이며 의견을 달리할 수 있다. 다음은 아주 중요한 주제인 위험 관리로 넘어가라(10부 참고).

● 추천 도서

· 본책『심리투자 법칙』제9부 트레이딩 시스템 참고

● 추가 자료

· 제럴드 아펠Appel Gerald, 데이 트레이딩(비디오)

· 페리 카우프만Kaufman Perry,『새로운 상품 트레이딩 시스템과 매매 방법The New Commodity Trading Systems and Methods』

· 리처드 트웰레스Teweles Richard J.와 존 프랭크Frank J. Jones,『선물 게임The Futures Games』

위험관리

181번 정답 B

감정적인 트레이딩은 성공의 적이다. 이성 대신 감정대로 결정을 내리는 트레이더는 탐욕과 공포 때문에 파멸한다. 취한 듯 들뜬 기분으로는 꾸준한 수익을 올릴 수 없다. 감정적인 트레이딩으로 잠시 동안은 위기를 모면할 수도 있지만 결국엔 빈털터리가 된다. 가장 이성적인 트레이딩을 목표로 해야 하며 짜릿함을 느끼기 위해 트레이딩해서는 안 된다(46장).

C

누구나 자신이 똑똑하다고 생각하고 싶어하므로 손실을 입으면 자존심에 상처를 입는다. 손실을 받아들이는 것은 트레이딩이 내 마음대로 되리라는 희망을 포기하는 것과 같으므로 누구도 이 희망을 버리려고 하지 않는다. 하지만 훌륭한 트레이더는 현실주의자다. 손실이 나고 있는 포지션에 집착하는 것은 좋은 전술이 아니다(46장).

A

처음 손실제한주문을 설정할 때 제대로 해야 한다. 손실제한은 단한 방향, 즉 트레이딩 방향대로만 조정해야 한다. 수익이 나지 않는 트레이딩에 손실제한을 변용하여 '숨통'을 틔워주는 것은 전형적인 패자의 수법이다(46장).

C. 1, 2, 3, 4

부정적인 수학적 기대, 즉 하우스 어드밴티지house advantage란 트레이딩을 할수록 트레이더가 이길 확률보다 질 확률이 높은 경우를 가리킨다. 긍정적인 수학적 기대, 즉 트레이더의 우위trader's edge는 트레이딩을 할수록 트레이더가 질 확률보다 이길 확률이 높은 경우를 가리킨다. 트레이더는 자신에게 유리한 확률의 트레이딩을 신중하게 골라야 한다(46장).

B

손실을 받아들이지 못하는 것은 감정적으로 매매하고 있다는 징후다. 손실이 나는 포지션을 늘려나가는 것은 손실이라는 현실 대신 이길 수 있으리라는 환상에 사로잡혀 있기 때문이다. 패자는 포지션에 집착하면서 환상을 계속 키워나간다. 지표가 내는 신호에 따라 시장에 진입했는데 신호가 반전되었다. 그렇다면 계속 포지션에 집착할 이유가 있을까? 되지도 않는 트레이딩을 붙잡고 있지 말고 빠져나와서 더 좋은 기회를 찾아야 한다(46장).

186번 정답 A

체결오차와 수수료를 지불하고 나면 실제 수익은 생각보다 적다(46장).

187번 정답 C

트레이더 A는 4연패하면 파산하며 트레이더 B는 40연패까지 버틸 수 있다. 트레이더 A는 4번만 잘못 맞추면 파산하지만 트레이더 B는 40번까지 버틸 자금이 있다. 다른 조건이 동일하다면 둘 중 돈이 적은 쪽이 먼저 파산한다. 트레이딩에는 수수료와 체결오차라는 추가 손실이 있으므로 특히 돈이 적은 쪽이 먼저 파산하기 마련이다(47장).

B. 2, 3, 1

자금관리의 첫 번째 목표는 생존이다. 두 번째 목표는 꾸준한 수익, 세 번째 목표가 높은 수익이다. 무엇보다 생존이 최우선이다. 프로는 이 우선순위대로 트레이딩하지만 아마추어는 대개 이 순위를 거꾸로 둔다(47장).

189번 정답 A. 1

연수익 25퍼센트를 꾸준히 올린다면 월스트리트의 제왕으로 군림할 수 있다. 그 이상 수익을 낸다면 월스트리트를 쥐락펴락할 수 있을 것이다. 연간 25퍼센트 이상의 손실이라면 회복할 수도 있다. 하지만 한 번의 트레이딩에 25퍼센트의 위험을 감수하는 것은 자살행위다. 포지션을 두 배로 늘리려면 25퍼센트 수익 외에도 많은 요소가 필요하다(47장).

190번 정답 B

1회의 트레이딩에 계좌의 2퍼센트가 넘는 위험을 감수하지 말라. 2퍼센트 규칙을 지키면 시장이 계좌에 미치는 손실을 제한할 수 있다. 2퍼센트 규칙을 지키면 위험이 큰 트레이딩을 피할 수 있고 연속되는 손실에 따른 파산을 피할 수 있다(47장).

191번 정답 B

2퍼센트 규칙을 활용하면 몇 계약을 거래할 것인지 결정할 수 있다. 어떤 트레이딩이든 계좌의 2퍼센트가 넘는 위험을 감수하지 말라. 계좌의 잔고가 16,000달러라면 수수료와 체결오차를 포함해 320달러 이상의 위험을 감수하면 안 된다. 진입 가격에서 75달러 떨어진 지점에 손실제한주문을 설정하고 수수료가 20달러인 경우 3계약을 매수하면 적은 액수의 체결오차는 감당할 수 있다. 이 상황에서는 3계약이 매매 가능한 최대 계약 수가 된다. 정말 구미가 당기는 트레이딩이라면 1계약만 트레이딩하는 것이 오히려 비생산적이다. 절호의 기회를 만나면 최대한 활용하라(47장).

192번 정답 A

트레이딩의 규모를 바꾸려면 수익을 내고 있을 때 포지션을 늘리고 손실을 내고 있을 때는 포지션을 줄여야 한다. 이 경우 당신은 잔고 대비 2퍼센트 이하가 되도록 포지션 규모를 현명하게 조정했다. 이처럼 처음의 원칙을 고수하라! 갑자기 탐욕을 부리다가 수익을 날려버리지 말라(47장).

193번 정답 B

옵티멀 f 규모보다 적은 규모로 트레이딩하면 위험은 산술적으로 줄어들지만 기대수익은 기하급수적으로 감소한다. 이래서 트레이딩이 어려운 것이다. 감당할 수 있는 위험보다 적게 감수하면 수익이 급감하는 데 비해 필요 이상의 위험을 감수하면 위험이 급증해 파산한다. 탐욕스러운 자는 인내를 모르므로 과다매매하다 퇴출된다(47장).

194번 정답 D. 1, 2, 3, 4

네 가지 모두 일반적인 자금관리 규칙으로 세월을 거쳐 검증되었으며 컴퓨터를 이용한 실험에서도 검증된 규칙이다. 이를 엄격히 지키는 트레이더는 드문데 반드시 따라야 살아남을 수 있다(47장).

195번 정답 B. 1, 2

트레이더가 범하는 최악의 실수는 청산하기도 전에 돈을 세는 것이다. 돈을 세면서 무얼 살까 고민하면 마음이 산란해져 이성적인 판단을 방해하므로 손실로 이어진다(48장).

196번 정답 A

시장이 유리하게 움직이면 수익을 방어해야 한다. 손익분기 수준이나 그보다 높게 손실제한을 옮겨라. 시스템이 천정을 가리키면 한두 계약은 차익을 실현해도 좋다. 처음 포지션을 손실제한으로 방어하고 있는 상태이고, 신규 포지션으로 계좌의 2퍼센트가 넘는 위험을 감수하지 않는다면 포지션을 추가해도 좋다(48장).

A. 1

트레이딩 도중에 돈을 센다면 적신호, 즉 감정이 개입되어서 감정이 이성을 압도해 돈을 잃을 수 있다는 경고다. 머릿속에서 돈 생각이 떠나지 않는다면 포지션을 청산하는 것도 좋은 방법이다.

198번 정답 C. 1, 2, 3

손실제한은 트레이더에게 기본적인 규율이다. 지표를 활용해 매매기회를 찾는다면 청산할 때도 그 지표를 활용하라. 수익 목표를 정할 때는 신중해야 한다. 조용한 시장에서는 수익 목표가 적중하지만 일단 추세가 형성되면 탄력이 붙어 계속 진행되는 경향이 있다. 첫 번째 수익을 낚아채 차익을 실현하는 것은 확신이라곤 없는 겁먹은 아마추어의 전형적 태도다(48장).

199번 정답 D. 1, 2, 3, 4

신중한 트레이더는 진입시점에 손실제한주문을 설정하고 트레이딩 방향으로만 손실제한을 조정한다. 롱 포지션으로 진입했다면 손실제한을 그대로 두든지 아니면 손실제한을 높여라. 절대 손실제한을 낮추면 안 된다. 숏 포지션으로 진입했다면 손실제한을 그대로 두든지 아니면 손실제한을 낮춰라. 절대 손실제한을 높이면 안 된다.

200번 정답 A. 1

손실제한주문은 늘 적중하지는 않지만 위험을 줄여준다. 때로는 주가가 손실제한 가격을 그대로 통과해버리기도 한다. 트레이딩 시스템이 잘못되어 있다면 손실제한을 어떻게 설정해도 손실을 피할 수 없다. 손실제한으로 타격을 늦출 수 있을 뿐이다.

손실제한은 완벽한 도구는 아니지만 지금으로서는 최선의 방어 수단이다(48장).

201번 정답 D

손익분기주문으로 잔고를 지킬 수는 있지만 속임수신호를 최대한 줄여야 한다. 따라서 지난 며칠 동안의 일일 평균 거래범위만큼 가격이 움직일 때까지 기다렸다가 손익분기 수준으로 손실제한을 움직여야 한다(48장).

202번 정답 D. 1, 2, 3, 4

평가이익의 일부를 방어하라. 트레이딩이 유리하게 돌아가면 수익을 방어하는 수단 대부분이 유익하다(48장).

203번 정답 D. 2, 3

자신의 행위를 뒤돌아보고 분석하는 것은 성숙한 트레이더, 성공하는 트레이더가 되는 필수 요건이다. 지난 트레이딩의 진입과 청산 이유를 살펴보고 의사결정을 내릴 때 어떤 감정이었는지 되짚어보라. 과거로부터 배워야 한다(48장).

자가 진단 ✓

☐ **정답 수 7개 미만: 낙제**

적신호가 켜졌다. 자금관리를 전혀 이해하지 못하고 있다. 진짜 돈으로 매매하기 전에 추천 도서를 읽고 다시 문제를 풀어보라.

☐ **정답 수 7~10개: 평균 이하**

자금관리 개념을 드문드문 이해하고 있다. 이 단계에서 실제 돈을 투자하는 건 구멍이 숭숭 뚫린 배로 태평양을 횡단하는 꼴이다. 이 상태에서 트레이딩한다면 계좌는 침몰할 것이다. 추천 도서를 읽고 다시 문제를 풀어보라.

☐ **정답 수 11~15개: 양호**

자금관리의 기본 개념을 파악하고 있다. 하지만 자금관리는 아주 중요하므로 이 정도로는 절대 부족하다. 오답을 검토한 다음 추천 도서를 읽고 며칠 뒤 다시 문제를 풀어보라.

☐ **정답 수 15개 이상: 우수**

자금관리 규칙을 제대로 활용할 수 있다. 오답을 다시 검토해보라. 자금관리는 계좌의 잔고를 지키는 성벽이다. 벽에 빈틈이 있다면 반드시 메워야 한다.

● 추천 도서

· 본책『심리투자 법칙』제10부 위험관리 참고

● 추가 자료

· 발사라 노체Balsara Nauzer J.,『선물 트레이더의 자금관리 전략Money Management Strategies for Futures Traders』

· 랄프 빈스Vince Ralph,『포트폴리오 관리 규칙Portfolio Management Formulas』

• 에필로그 •

이 책을 통해 트레이딩 지식을 테스트해보았으므로 이제 가장 큰 시험을 앞두고 어느 정도 태세를 갖추었다. 이제 시장으로 나가야 한다. 트레이딩은 압박감 속에서도 명료하게 생각하고 감정에 휘둘리지 않고 냉철하게 판단할 수 있는지, 그리고 계좌의 자본을 통제할 수 있는지를 끊임없이 시험하는 작업이다.

이 책에는 이런 능력이 어느 정도인지 측정할 수 있도록 등급을 매기고 추천 도서를 밝혀놓았다. 처음에 낙제점을 받더라도 다시 문제를 풀어보라. 시장에서 트레이딩할 때도 이런 방식으로 하라.

실적을 측정하는 가장 중요한 기준은 계좌의 잔고다. 좋은 실적이란 꾸준히 잔고를 불리며 가끔 소액의 손실을 보는 것이다. 항상 계좌를 점검하고, 전달의 최고액보다 6~8퍼센트까지 잔고가 줄었다면 그달에는 트레이딩을 멈추어야 한다.

예를 들어보자. 트레이더 두 사람이 똑같이 20,000달러의 자본을 6개월 만에 24,000달러로 불려 20퍼센트의 수익을 냈다고 하자. 하지만 둘의 실적을 비교해보면 운으로 수익을 올렸는지 아니면 실력으로 수익을 올렸는지 알 수 있다.

	짐	존
1월	20,000	20,000
2월	20,600	19,600
3월	20,700	17,300
4월	21,100	25,800
5월	23,200	24,100
6월	24,500	23,200
7월	24,000	24,000

두 사람 중 누구에게 돈을 맡기겠는가. 꾸준히 수익을 내며 소액의 손실을 본 짐인가, 아니면 손실을 보았지만 4월 한 달 대박으로 따라잡은 존인가? 짐처럼 트레이딩한다면 제대로 하는 것이다. 하지만 존처럼 트레이딩한다면 트레이딩 기법을 재고해야 한다. 가끔씩 한 방을 터뜨리는 것으로 살아남는다면 시장에서 오래가지 못한다.

잔고를 꾸준히 점검하고 매매일지를 기록하라. 매매할 때마다 차트를 인쇄하고 시장에 진입한 이유를 기록해두라. 시장에서 나올 때에도 차트를 인쇄하여 맞은편에 붙여두라. 수익 목표, 손실 제한, 시스템 신호 등 청산 이유를 적어두라. 그리고 어떤 점이 옳았고 어떤 점이 나빴는지 매매를 분석해 몇 줄로 적어두라. 자신의 매매를 분석하면 과거 경험에서 배울 수 있으므로 실력이 향상된다.

자신의 매매에 대해 친구들과 의견을 나눠라. 단 트레이딩 도중이 아니라 트레이딩을 청산한 뒤에. 오픈 포지션 상태에서 의견을 나누는 건 위험하다. 타인의 의견에 휘둘려 시스템에 배치되는 결정을 내릴 수도 있기 때문이다. 트레이딩을 청산하고 나면 그때 의견을 구하고 배우라.

 이 책을 읽고 문제를 푼 독자라면 결코 트레이딩을 가볍게 보지 않을 것이다. 끊임없이 시장을 연구하고 침착한 태도를 유지하라. 그리고 손실을 최소한으로 줄이는 데 주력하라.

 이렇게 하면 꿈을 이룰 수 있다. 즉 트레이딩만으로 생계를 해결할 수 있다Tradign for a Living!

 건투를 빈다.

뉴욕에서
1992년 11월

● 참고문헌 ●

- Appel, Gerald. Day-Trading with Gerald Appel(video) (New York: Financial Trading Seminars, Inc., 1989).

- Arms, Richard W., Jr. The Arms Index (Homewood, IL: Business One Irwin, 1988).

- Balsara, Nauzer J. Money Management Strategies for Futures Traders (New York: John Wiley & Sons, 1992).

- Belveal, L. Dee. Charting Commodity Market Price Behavior(1969) (Homewood, IL: Dow Jones Irwin, 1985).

- Douglas, Mark. The Disciplined Trader (New York: New York Institute of Finance, 1990).

- Douglas, Mark. Trading in the Zone (Englewood Cliffs, NJ: Prentice-Hall, 2001).

- Edwards, Robert D., & John Magee. Technical Analysis of Stock Trends(1948)(New York: New York Institute of Finance, 1992).

- Elder, Alexander. Elder-ray(video)(New York: Financial

Trading Seminars, Inc., 1990).

——. . Trading for a Living
(New York: John Wiley & Sons, 1993).

- Granville, Joseph. New Strategy of Daily Stock Market Timing for Maximum Profit (Englewood Cliffs, NJ: Prentice Hall, 1976).

- Kaufman, Perry. The New Commodity Trading Systems and Methods (New York: John Wiley & Sons, 1987).

- Lefevre, Edwin. Reminiscences of a Stock Operator (1923). (Greenville, SC: Traders Press, 1985).

- LeBon, Gustave. The Crowd (1897). (Atlanta, GA: Cherokee Publishing, 1982).

- Mackay, Charles. Extraordinary Popular Delusions and the Madness of Crowds (1841). (New York: Crown Publishers, 1980).

- Murphy, John J. Technical Analysis of the Futures Markets (New York: New York Institute of Finance, 1986).

- Neill, Humphrey B. The Art of Contrary Thinking (1954). (Caldwell, ID: Caxton Printers, 1985).

- Pring, Martin J. Technical Analysis Explained, 3rd edition (New York: McGraw-Hill, 1991).

- Teweles, Richard J., and Frank J. Jones. The Futures Games, 2nd edition (New York: McGraw-Hill, 1987).
- Vince, Ralph. Portfolio Management Formulas (New York: John Wiley & Sons, 1990).

의학박사 알렉산더 엘더는 구 소련의 레닌그라드에서 태어나 에스토니아에서 성장했으며 이곳에서 열여섯 살에 의과대학에 진학했다. 선의船醫로 근무하던 스물세 살에 아프리카에 정박한 배에서 탈출해 미국으로 망명했다. 그후 뉴욕에서 정신과의사로 일하면서 정신과 분야의 잡지《사이키애트릭 타임즈Psychiatric Times》의 에디터로 활동했으며 컬럼비아 대학교에서 학생들을 가르쳤다.

금융시장에 트레이더로 참여하기 시작하면서 트레이딩에 관한 다수의 기고문과 책들을 집필했고 트레이딩 시스템을 개발했으며 투자강연회 연사로 활약했다. 정신과 의사로서의 경험 덕분에 트레이딩 심리를 꿰뚫어보는 독특한 통찰력을 얻게 되었으며, 세계에서 손꼽히는 테크니션으로 확고한 위치를 차지하고 있다.

1988년에는 트레이더를 위한 교육회사 엘더닷컴elder.com을 설립했다. 이를 통해 엘더 박사는 개인과 기관 투자자를 대상으로 투자 컨설팅을 제공하고 트레이더를 위한 세미나를 개최해오고 있다.

이 책의 독자들이 글이나 전화로 엘더 박사에게 현재 정보를 요청한다
면 언제라도 환영이다:

elder.com

PO Box 20555, Columbus Circle Station

New York, NY 10023, USA

Tel. 718-507-1033, Fax. 718-639-8889

e-mail: info@elder.com

website: www.elder.com

〈스터디 가이드〉
주식시장에서 살아남는
심리투자 법칙

초판 1쇄 ┃ 2010년 9월 2일

지은이 ┃ 알렉산더 엘더
옮긴이 ┃ 신가을
펴낸이 ┃ 이형도
기획 · 편집 ┃ 공순례, 김윤정
디자인 ┃ 박정현
마케팅 ┃ 신기탁
경영지원 ┃ 이종아

펴낸곳 ┃ (주)이레미디어
전화 ┃ 031-919-8511(편집부), 031-919-8510(주문 및 관리)
팩스 ┃ 031-907-8515, 0303-0515-8907
주소 ┃ 경기도 고양시 일산동구 장항동 731-1 성우사카르타워 601호
홈페이지 ┃ www.iremedia.co.kr
이메일 ┃ ireme@iremedia.co.kr
등록 ┃ 제396-2004-35호

ISBN ┃ 978-89-91998-43-8 03320
가 격 ┃ 15,000원

이 도서의 국립중앙도서관 출판시도서목록(CIP)은 e-cip 홈페이지에서 이용하실 수 있습니다.